金錢的價值

英國知名投資Podcaster教你
如何在越來越複雜的金融世界中，
找出創造財富的法則。

THE PRICE OF MONEY

How to Prosper in a Financial World That's Rigged Against You

ROB DIX
羅伯・迪克斯——著
陳珮榆——譯

目錄

任何特定產品的價格上漲可能是由多種因素引起，但幾十年來所有商品的價格普遍上漲，主要是受到貨幣數量增加的影響。這就是字典裡對於「通膨」的定義。通膨對於負債的人有利，對其他人可能不利。此外，政府本身也有龐大債務，他們刻意採取行動製造通膨，部分原因是他們最能從中受益。

在實體貨幣發展之前，人們早已開始交易貨物。錢幣在英國的使用可以追溯到西元前二世紀，但直到西元八世紀，錢幣的使用才變得普遍，錢幣本身也更加標準化。一開始，一切運作都基於地域性考量，就貨幣而言，每個城鎮都會鑄造自己的錢幣，並沒有像今天這樣只有「皇家鑄幣廠」，後來，為了消除了地方權貴為自身利益操縱金錢的能力，並將這種特權轉移到中央政府手中，開始有了集中管控模式。

結論 最終章 261
Conclusion: The Final Chapter
我們現在距離經濟體系崩潰還有多遠？我希望這麼說不會讓自己與那些經濟末日崇拜者走得太近，但過去五十年來，感覺我們更接近這個時代的終結，而非開始。

後記 經濟生存指南 273
Afterword: The Economy – A Survival Guide
如何避免在可能出現的經濟風暴中受到波及？我找到了七個原則來引導你的思考：如何解讀現正發生的事情，誰值得信任（和誰不值得信任），以及如何行動。統整已談過的觀點，以下是我在任何經濟情勢下實現財務成功的指南。

致謝 289

序言

在可以提升知識的各種主題中，我想不到有什麼比金錢更重要的。老實說，我們大多數人對於金錢的基礎知識都相當薄弱。

我們花了一生的時間試圖搞懂金錢，不知道金錢到底從哪裡來。然後，我們被指望能夠明智決定如何使用我們賺來的錢，卻沒有人教我們該怎麼做。無論你喜不喜歡，錢在我們生活的世界中占了一大部分，我認識的大多數人都因為不太了解金錢，而感到不安或自卑。

「了解金錢」不只是能夠挑選最佳的儲蓄帳戶或選擇合適的抵押貸款那麼簡單而已。這些都是有用的生活技能，但它們只是整體大局中的枝微末節。如果通貨膨脹是指每個儲蓄帳戶裡的錢都會貶值，那麼挑選最佳的儲蓄帳戶有何意義可言？如果房價即將崩盤，那麼拿到不錯的房貸條件又如何？如果你在不了解整體背景的情況下做出這些謹慎負責任的精細決策（micro-decisions），就好比是為一間蓋在懸崖上的房子進行精美的室內裝潢。

但是，我們真的有可能了解這個大局的背景嗎？是的，你真的可以對目前正在發生的事情有更好的了解，並且利用這些新知識預測接下來會發生的事情，讓自己得到最可能獲利的機會。這本書將提供你掌握這些新技能所需要的一切。

讓你感到卻步嗎？別擔心。這些內容沒有你想像那麼難以理解。記住一點，你周圍幾乎每個人同樣對金錢的了解有限——儘管如此，我們仍然都能從掌握更多的金錢知識中獲益。

為什麼我們對於金錢的知識如此匱乏？我能想到四個原因，並試圖透過這本書來解決這些問題。

首先，這是無法迴避的事實，金錢是個複雜的主題。有無數相互關連的概念，所以每當你為了更理解某個概念而去查資料時，答案又會提到另外三個你不懂的東西。在這本書，我會按照邏輯順序一次介紹一個概念——在我們開始之前，不會假設你已知道任何事情。

其次，金錢主題讓人覺得枯燥乏味，而且如果你在學校念過經濟學，我敢肯定你也這麼認為。但那只是因為教得不好，金錢其實十分有趣。例如，你知道英鎊在過去一百年內已經貶值了九九%了嗎？這是怎麼發生的？你知道銀行永遠不會沒錢可借嗎？因為銀行可以憑空創造資金。這本書充滿了各種關於金錢的奇特現象，一直在你身邊出現卻沒有人願意解釋的問題。

第三，帶有諷刺意味，當權者沒有動機幫助你獲得更好的資訊，因為如果你蒙在鼓裡，他們更容易利用你。亨利．福特（Henry Ford）曾經說過：「還好人民並不清楚我們的銀行與貨幣系統，一旦人民知道真相，我相信明天太陽升起以前就會發生革命。」我沒有愚昧到認為這本書會造成世界各地的人民衝撞議會，但如果沒有在某些地方引起你的憤怒，那就是我沒有好好完成我的工作。

第四，即使是經過高度訓練的經濟學家也無法在大多數問題上達成共識，這對我們一點幫助也沒有。由於世界那麼複雜，永遠不可能只調整單一變數，五位經濟學家可能會對同一情況，提出五種完全不同的解釋和應對方法。這個問題我無法解決——但我至少可以解釋我的理解和為何持有這種觀點，所以你可以自行決定是否認同。

金錢是極為複雜的話題，幾乎每個人都認為這個話題很「無聊」，而且意圖晦澀難解。喔，世界頂尖的金錢專家甚至在最簡單的決策或解釋上都無法達成共識。那麼，為何像我這樣一個骨子裡完全沒有受虐狂傾向的人，會決定寫一本關於金錢的書呢？

二〇〇八年金融危機讓我第一次認真接觸經濟學，從那以後，我一直以學習經濟學為樂。然後在二〇二〇年，當其他人突然成為「R值」（病毒傳染率）專家，並對世界各地的新冠肺炎（Covid-19）疫情波動圖表感到擔憂之際，我的癡迷程度又上升幾個等級。我知道，我知道，我應該繼續製作我的天然酵母麵包或參加線上酒吧的問答競賽。但是我無法忽略這樣一個事實：英國政府在過去十年一直告訴我們沒有「神奇的搖錢樹」，卻突然找到了一棵——憑空產生四千五百億英鎊，然後拿來用於無條件的貸款和優惠餐飲上面。在美國，他們更進一步，直接把支票寄給每個人。這怎麼可能呢？會有什麼後果？最重要的是，為什麼我們大家那麼辛苦工作賺錢（然後其中大部分直接拿去繳稅），錢卻可以如魔法般憑空變出來？身為一位資淺的投資播客主（沒有任何正式培訓），我當然沒有答案。但我碰到不明白的事情會有個既定反應，那就是開始過度熱衷於找出答案。

我回頭研究了錢最初是怎麼產生的。翻看了十五年前英格蘭銀行（**Bank of England**）的會議紀錄，鑽研了英鎊的歷史，接著是美元、歐元、日元以及人民幣的歷史。我讀過一些人寫的書，他們主張政府應該根據我們的需求盡量印製鈔票，這樣我們才能擁有我們想要的一切，也讀過一些認為這種無限印鈔的過度作法已將我們推向毀滅的人寫的書。我盯著數百張圖表看，甚至在找不到我想要的統計數據時，請了一個人幫我編制新的圖表。

接著，讀完大量的資料後，我做了一件經常做的事：把它寫下來，試圖在腦海中搞清楚，因為在試圖解釋給別人聽之前，你永遠無法確定自己是否真正理解了一件事。這本書就是這樣子來的。

所以我承認：這本書是我為自己寫的。但是，經過了一連串閱讀、研究、質疑和抓破頭皮等過程，我覺得自己好像開發出兩種新的超能力。透過閱讀，你也會擁有這些超能力，而且會少走很多彎路。

你的第一個超能力將是，**終於理解你所聽到和讀到有關金錢和經濟的內容**。那些關於利率、貨幣波動或債券市場的新聞報導，聽起來像胡言亂語嗎？工作上的對話，你沉默不語，因為除了你，似乎每個人都對經濟別有一番見解？十個篇章過後，你對這一切將豁然開朗。（而你會發現，那些充滿自信陳述自己觀點的人，包括電視上和廣播裡的人，其實並不理解他們所說的內容。）

非常有趣，但你的第二個超能力更有利，你能夠為自己的錢做出明顯更好的決定。你不需要盲目接受理財顧問的建議，也不需要因為朋友說哪支股票不錯就去買，你將理解現今金融世界的運作方式，對未來的發展形成明確的觀點，並因此做出正確的投資決策。我的目標是給你知識與信心，讓你能夠得出自己的結論，但在最終章，我也將闡述我對未來的預期，以及我個人會因此考慮進行的投資類型。

要真正理解當前的金錢世界，我們需要了解我們是如何走到今天的。事前提醒一下：這表示，在進入「你應該怎麼做」的環節之前，我們會有一大堆關於通貨膨脹、利率、債務、中央銀行、國內生產毛額和其他類似的概念需要學習，你可能聽過但並不太理解。聽起來可能像是一件苦差事，但事實並不然：正如我所說的，只要以適當的方式來解釋，金錢是十分有趣的主題。等到我解釋我會如何投資的時候，結論會顯得自然而易於理解，因為你已經具備了所需的基礎知識。

我們還會探討惡名昭彰的二〇〇八年金融危機，以及二〇二〇年那些引起我的好奇心而促使我開始寫這本書的事件。我們也將回顧一九七一年的一個事件，改變了我們所處的金融世界面貌。不過，首先，讓我們回溯得更早一些，從最合乎邏輯的地方開始：從最初的地方開始……

第一章

錢是什麼？

想像一下，你生活在原始時代的一個小村莊裡——在有人發明中央銀行、抵押債權憑證（collateralised debt obligations，或稱擔保債務債券）或蘋果支付之前。也許你有一片菜園，種了一些紅蘿蔔，然後拿去賣給鄰居，換來兩枚硬幣。然後你拿其中一枚硬幣給另一位鄰居，換來一次理髮。在這個情境中，這些硬幣——也就是「錢」——同時發揮著三個有用的功能：

一、它們被普遍接受為一種支付形式，在經濟學術語中稱為**交易媒介**（medium of exchange）。因為購買紅蘿蔔的人、理髮師和你都同意接受硬幣作為付款方式，所以你們之間的交易更容易進行。如果沒有硬幣（或其他可以當作貨幣的物品）在每筆交易中扮演「中間人」的角色，你就會陷入以物易物的困境：你只有在找到一位擅長剪髮且午餐想喝紅蘿蔔湯的人時，才能理髮。

二、它們是一種記錄物品價值的方式，學術上稱為**計價單位**（unit of account）。透過說明每件事物以硬幣為基準的「價格」，你可以輕鬆比較不同的商品和服務。如果沒有這個計價單位，你就需要為每一種可能的組合設定單獨的匯率：「胡蘿蔔兌理髮」匯率、「理髮兌雞」匯率，諸如此類。

三、它們是**價值儲藏**（store of value）工具，與大多數經濟學術語不同，這個詞的意思與字面意思相同。你的紅蘿蔔為你賺進兩枚硬幣，但你只花了其中一枚。在你持有另一枚硬幣而沒花掉的同時，實際上從種植紅蘿蔔所創造的價值中獲得了一些報酬，並保存一段時間，以便將來可以享受（把硬幣換成你想要的東西）。

這就是所謂錢的定義。它是我們用來支付商品和服務的東西，可以是紙鈔和硬幣的實體形式，或者越來越多的數位等價物。這些共同組成了一個「貨幣系統」（**system of money**或system of currency。就本書而言，「錢〔money〕」和「貨幣〔currency〕」之間的區別並不重要，所以在接下來的章節中，我將會交替使用。）

中央權力機構會決定每種貨幣的名稱，還有紙鈔和硬幣的面額，但這並不表示我們實際上需要這樣一個權力機構來做這些事情：貨幣要「發揮作用」，只需要足夠多的人自願使用它來進行交易。這種交易——人、公司和組織之間的產品與服務的交換——就是我們所謂的「經濟」。「貨幣」是我們關注的部分，但貨幣不是重點：貨幣只是中間人，使這些基本的價值交換更加順暢運作。

任何東西都可以當作貨幣嗎？

到目前為止，我們已經看到，任何特定形式的貨幣都沒有什麼神奇之處：原則上，你完全可以使用任何東西當作貨幣，只要足夠多的人同意用它來交換產品與服務。然而，在實際應用中，某些形式的貨幣比其他形式更有效。

以黃金為例。黃金作為一種貨幣已經使用了幾千年，但為什麼它一開始被當成貨幣呢？這並非偶然，也不僅是因為它的漂亮耀眼。而是因為黃金具有六個特性，使其自然適合扮演貨幣的角色：

一、它的純度易於測試，以確保每個單位都是相同的——這使交易更容易，因為無論你拿到哪個都沒差。這種能夠將任何單位互換的特性被稱為**可替代性**（fungibility）。

二、它非常**耐用**（durable），因為不會與其他元素發生反應（相較之下，銀暴露在空氣中會氧化），可以永久保存而不會失去品質。

三、它具有**可分割性**（divisible），因為可以分解成不同的數量，這表示你可以用它來進行各種規模的交易。

四、它**便於攜帶**（portable），因為你可以鑄造成像硬幣一樣方便的形狀。而且，由於黃金的相對稀缺性，不需要太大或太小，就能代表日常價值的實際數量。

五、它**易於辨識**（recognisable），因為你可以輕易在黃金上面壓印某種符號，以顯示其符合官方標準。

六、它具**稀缺性**（scarce）：只能開採出一定數量的黃金，而且地底下尚未開採的黃金越來越難取得。

古代人真是厲害：地球上所有天然存在的元素中，他們挑選了最適合當作貨幣使用的元素。

上述列出的因素都很重要，但**稀缺性**絕對是關鍵因素：沒有稀缺性，其他因素都沒有意義。記住，貨幣的目的只是為了使兩人之間的交易更加方便，他們都投入了寶貴的時間和精力來生產一些有價值的東西。只有貨幣本身也具有某些稀缺性，貨幣才會起作用。想像一下，生活在一個樹葉是貨幣的世界裡：你辛苦工作了一整天，然後你的老闆只是抱起一堆樹葉來支付你的薪水。收集這些樹葉不需要老闆花費任何時間或精力，所以你（理所當然）感覺受騙上當。（那麼我們今天使用的貨幣是否具備足夠的稀缺性呢？繼續看下去：這是本書後面一個重要的主題……）

有趣的是，貨幣可能具備所有「好貨幣」的特性，而完全不需要任何實體形式。以比特幣為例：你甚至看不見它，更別說觸摸它了，它是由不知名的個人或團體在網路論壇上發明的，而不是由任何可信賴的中央機構發行。但它迅速吸引了許多支持者，經過短短十四年，估計有一億一千四百多萬人使用，[1]並且有兩個國家已將比特幣定為法定貨幣（legal tender，或稱法償貨幣）。[2]

為什麼比特幣會流行起來？因為它符合所有「好貨幣」的標準，並強調稀缺性：比特幣的設計方式確保每枚硬幣的生產速度不會過快。此外，比特幣數量一旦開採到兩千一百萬枚（預計二一四〇年左右），就不再允許開採更多的比特幣。重要的是，生產速度和數量是任何人都無法改變的。即使你可以看到葉子，卻看不到比特幣，但我知道我該選擇哪種作為支付方式。

比特幣的例子有助於證明一些你可能已經注意到的事實：錢本身並不是重點。錢甚至可能是你觸摸不到或看不見的東西，但這並不重要，因為錢的實際目的是用來交換其他東西。我們想要錢，純粹是為了用錢換取能夠改善我們今天或未來生活的商品和服務。

換句話說，貨幣完全是一種社會現象。假設傑夫．貝佐斯（Jeff Bezos）逃到了他位於秘密島嶼的地下碉堡（我猜想他真的有）以躲避核戰，然後一年後以地球上唯一倖存人類出現，那麼他幾十億美元的財富將變得毫無價值，因為沒有人可以交易，貨幣無用武之地。想像一下，他後來在地球上遊蕩，遇到了倖存下來的太平洋原始部落，靠著他們能找到的最漂亮貝殼來交換價值。傑夫可以給他們看一大疊印有班傑明．富蘭克林頭像的紙，但那對他來說並沒有多大幫助。

然而，儘管貨幣可能是一種「編造」的社會結構，卻是極其重要的結構。擁有一個有效且廣泛接受的貨幣系統，使人口中的各個成員能夠在彼此不需要高度信任的情況下，交換彼此的努力和技能。事實上，他們甚至不需要彼此認識：他們只需要信任貨幣系統本身。相互交易的群體越大，人的需求越容易得到滿足。

不論這本書變得多麼複雜（在某些環節確實會變得複雜，當然我會盡量避免），你都可以牢記貨幣的終極目標，以保持理性的態度。

是什麼讓國家貨幣有價值？

如果黃金和比特幣是那麼好的貨幣形式，為什麼我們今天主要使用英鎊和美元等國家貨幣進行交易呢？主要原因有兩個。

一、這些國家貨幣在日常生活中廣泛使用了很長一段時間，這表示在一大群人中已建立熟悉感、信任感和接受度。雖然你和你的理髮師、建築師或老闆可以用你們喜歡的任何形式貨幣進行交易（只要每個人之後以各自國家的貨幣繳稅），但使用每個人都接受和信任的相同貨幣更加方便。

二、政府只接受以本國貨幣支付的稅金。每個人都必須繳稅，而稅金只能用特定的貨幣支付，因此每個人都需要這種貨幣。這點使得政府對貨幣具有控制權——而對貨幣的控制則帶來了整體上的控制（和權力）。

這些原因會讓很多人感到驚訝：除了習慣與強制之外，一定還有其他因素賦予各國貨幣價值吧？這個嘛……其實沒有。在接下來的幾章中，會揭開關於你每天使用的貨幣一些令人瞠目結舌的事實，這些事實將讓你以全新的視角看待荷包裡的東西。

現在我們知道了什麼是錢和它的用途，我們可以更仔細地對現代貨幣一探究竟。特別是，我們可以研究貨幣如何幫助你實現目標，以努力和技能換取你想要的東西——無論是現在還是未來。事前提醒：接下來的內容可能令人不安。

章節總結：

- 貨幣的存在只是為了讓人與人之間和時間流動的價值轉移更方便。
- 貨幣本身不需要具備價值：我們之所以想要錢，是因為我們可以用錢換取能改善我們生活的產品與服務。
- 如果一個經濟體中有足夠多的人同意用某樣東西代表貨幣，那麼它就是貨幣。但是，有些東西比別的東西更適合作為貨幣（例如黃金對比樹葉）。
- 稀缺性是良好貨幣最重要的特性：只有在你相信對方必須付出努力才能得到它時，你才會接受貨幣來換取你所重視的東西。

參考資料：

1. https://fortune. com/2021/12/20/001-percent-bitcoin-holders-control-nearly-one-third-supply/
2. https://coinmarketcap.com/legal-tender-countries/

第二章

錢為什麼有缺陷？

我有一套完全未經檢驗的理論，即人到了三十歲，無論什麼東西的物價都會變成他們心目中「正確且自然的價格」，在那之後，超過他們心目中的價格都是不正常的現象。我仍然無法接受在倫敦一品脫啤酒的價格超過五英鎊的事實，而且有許多年長者相信房價即將崩盤，因為目前房地產價格已超過他們於一九七〇年購買三房半獨立屋時支付的一萬九千英鎊。

我的理論聽起來好像我們都很傻，一直沉湎過去，但也許我們也有點道理。畢竟，為什麼幾乎所有東西（從啤酒到房地產）的價格都會隨著時間上漲呢？你能想到一個具有說服力的理由，來解釋為什麼**所有東西**都越變越昂貴嗎？

在本章中，我們將揭開背後原因，透過仔細觀察你口袋裡的錢，並評估它在執行我們現在知道的三個貨幣功能方面表現如何。提醒一下，這些貨幣功能是：

一、大家普遍接受作為購買商品和服務的一種支付形式（所謂的**交易媒介**）。

二、記錄這些商品和服務費用的方式，也就是它們「定價」的單位（所謂的**計價單**

位）。

三、**價值儲藏**的方式，表示你不需要立即花掉你所生產的所有東西：你可以將其以貨幣形式儲存起來，等到將來需要時再使用。

你的貨幣可以作為交易的支付方式嗎？

這個問題很簡單。以英鎊為例：顯然，每年都有數百萬人欣然地使用英鎊進行數十億筆交易，可以說其他主要貨幣亦是如此。所以，這方面得到最高分：在交易媒介方面表現非常出色。繼續看下一個……

你的貨幣是說明價格的好方式嗎？

要成為有效的計價單位，也就是成為「所有東西都以此為定價基準」，這個共同單位的價值本身需要保持合理的穩定。

我們藉由觀察沒有穩定的情況，最容易理解這種貨幣穩定的重要性。例如，一九二三年的德國，帝國馬克（Reichsmark，計算商品價格的貨幣，又稱國家馬克）的價值迅速下跌。[1]貨幣貶值情況相當嚴重，導致工人們每天領兩次薪水：如果領取薪資的頻率再少一點，貨幣價值在賺取和花費之間的變動會太大，同時，超市不得不每小時更新價格。顯然這不是令人滿意的情況，結果，許多德國人完全放棄這種貨幣，開始透過交換物品來滿足他們的需求，完全不使用貨幣。

我現在不清楚有哪種主要貨幣存在這個問題，而且大多數貨幣在歷史上（到目前為止）也沒有這個問題，所以在記錄價格方面再次得到滿分。然而，值得注意的是，所有貨幣的價值確實每天都會有些微變化。貨幣的匯率是浮動的，意指相對於其他貨幣的價格總是在變動。浮動匯率就是為什麼你會經常聽到諸如「英鎊對美元走升」（即，現在可以用英鎊換到更多美元）或「美元兌歐元走貶」（即，現在用美元換到的歐元更少了）之類的消息。

如果你的所有收入和支出都使用同種貨幣，可能不會注意到這種情況的發生。就算注意到，通常只是渡假期間一個小小的驚喜或些微的不快（也許你在西班牙喝啤酒時，這次花費的英鎊比上次多或少）。但對於在國外購買房屋等大宗消費來說，匯率是個更大的問題，從參觀房屋到跑完購買的法律流程之間，同樣的歐元價格可能會多花你幾千英鎊。匯率也會影響那些與其他國家大量進出口的公司，其中規模大的公司會花很大的心思「避險」（hedge），以降低貨幣波動對他們造成的負面影響。

回頭看看你的西班牙之旅。如果上週你用一英鎊可以兌換到一．一六歐元，今天卻能兌換到一．二〇歐元，中間發生了什麼事？是英鎊變得更值錢，還是歐元變得更不值錢？你可以試著觀察每種貨幣在過去一週內相對於其他貨幣的變化情況來推算，但關鍵是這兩種貨幣都沒有固定的價值。

所有這些貨幣浮動有時會帶來輕微的不便，但並不是什麼大問題。與一九二三年的帝國馬克不同，主要貨幣足夠穩定，我們可以用它們來計算國內價格，完全沒有問題，也可以在國際上使用它們，（通常）每天、甚至每月都有些微且可控的波動。

如果這些可控的波動不是什麼大問題（至少對我們大多數人來說），為什麼還要花那麼多篇幅來探討它們呢？因為重點在於打破現今貨幣具有完全固定價值的假象。既然我們已經看到貨幣並沒有固定價值，我們可以觀察其價值如何在更長的時間區間內產生的變動，這才是更大的問題……。

你的貨幣是價值儲藏的有效方式嗎？

正如我們剛才所見，貨幣的波動似乎相當微小而不重要，以至於我們可能被誤導，以為貨幣價值是完全穩定的。因此，當物價長期上漲（幾乎所有物品都會漲價）時，我們自然會認為這是與每個產品本身相關的因素造成的。你的父母於一九七五年以兩萬英鎊購入一間房，現在只是換了壁紙，就價值二十五萬英鎊了？那麼，現在房價一定更高，因為這個國家的人口增加了。你小時候買一品脫牛奶只需五便士，現在要付五十五便士？那麼，食物一定變得更貴了，搞不好乳牛成立了工會之類的。

但既然你知道你的貨幣價值並不是固定的，還有另一種可能性。也許這些物價**沒有變動**：也許反而是貨幣價值下跌了。我並不是說房子和牛奶的實際價值沒有隨著時間改變，我想要說的是，在很長的一段時間內，貨幣價值通常會大幅貶值，使其成為不良的價值儲藏方式，對你的財富產生嚴重的影響。

我知道，這一切有點令人難以理解，你可能需要一些有說服力的論點。「固定貨幣（fixed currency）」的假象很難打破，所以我將嘗試從兩個角度來解釋。首先，我會把貨幣替換成別的東西，以證明「用什麼計算」確實很重要。接著，我將證明，以特定貨幣來計算，幾乎所有東西經過很長的時間都會變得更昂貴——很可能是貨幣本身發生一些有意思的事情，而不是與你用貨幣能買到的任何東西有關。

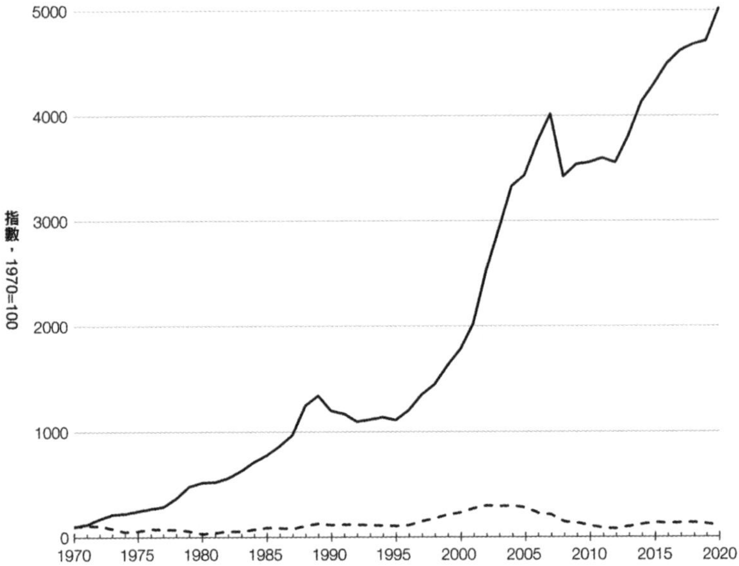

圖表一：以英鎊（實線）和黃金（虛線）計價的英國房地產[2]

首先，我們把貨幣換掉，觀察房子和牛奶改成以黃金計價的話會怎麼樣。為什麼選擇黃金？我們已知歷史上人們廣泛使用黃金作為交易媒介，所以如果今日仍以黃金作為價格基準，看看世界會變成什麼樣子，將會很有意思。先來看看以英鎊和黃金計價的英國房地產經過一段時間的變化，如圖表一所示。

在這裡，實線代表英國房地產的平均價格，以全英房屋抵押貸款協會（Nationwide Building

Society）測量的資料為基準，英鎊計價。這裡不是顯示一段時間的實際價格變化，而是使用了「指數」，也就是第一年（在這個例子是一九七〇年）的價格設定為一〇〇，往後每一年的價格變化都相對於一〇〇。例如，假設第一年的價格是五萬英鎊，指數設定為一〇〇，那麼當價格漲到五萬五千英鎊（增加一〇％）時，指數會顯示為一一〇。指數化之所以有幫助，是因為我們有個共同的起始點，從那裡我們可以看出價格如何出現分歧。

實線顯示，該指數從一九七〇年的一〇〇點升到二〇二〇年的五〇〇〇多點。換句話說，以英鎊計算的房價已經漲了五十倍。天啊。

虛線追蹤的是完全相同的資產變化（以全英房屋抵押貸款協會測量的英國房地產平均價格），但以黃金計價。換句話說，這裡不是問「買這個要花多少英鎊？」，而是問「買這個需要多少盎司的黃金？」

虛線讓我們看到意想不到的情況：從一九七〇年的一〇〇點起漲，到二〇二〇年落在一〇二點。由此告訴我們，如果以黃金計價，房價在這些年幾乎沒變。說得更清楚一

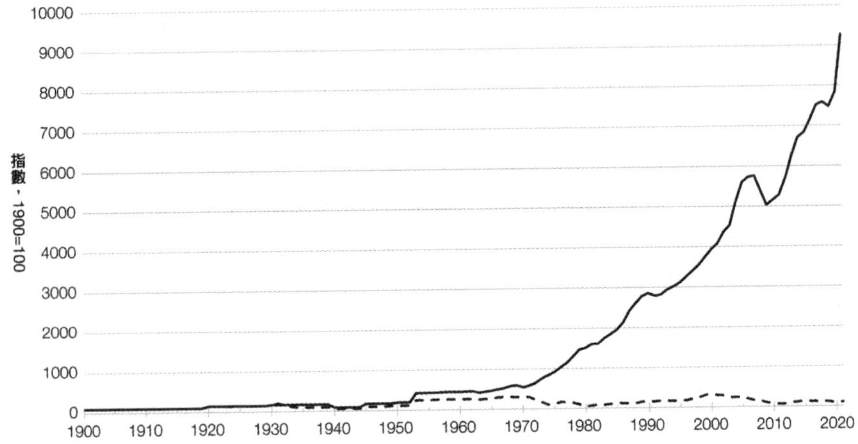

圖表二：以美元（實線）和黃金（虛線）計價的美國房價中位數[3]

點：如果你在一九七〇年將等同於能買下當初那間房的黃金放在金庫裡，五十年後取出來，你**還是可以**用這些黃金買到和當時價值相同的房子。

因此，當有人說「房子比以前貴很多」時，一個好的回應（如果你想展現自己很聰明的樣子，而且對於維持朋友關係不太在乎）會是「以什麼計價？」顯然，以英鎊計算的房價變得更昂貴，但以黃金計算的房價並沒有。

如果我們再往前追溯呢？現在我們改用美元和美國房價資料來說明，英鎊並不是唯一貶值的貨幣。如同圖表一，圖表二的指數設定為一〇〇（這次基準為一九〇〇年），我們再次看到了類似的趨勢。

正如你所看到的，從一九〇〇年到一九七〇年，無論以美元還是以黃金計價，美國房價中位數大致相同。但在那之後，價格出現了分歧：以美元計算的價格漲了將近百倍，而以黃金計算的價格直到現今幾乎保持不變。太不可思議了：使用與一百二十年前相同數量的黃金，你今天可以買到美國中位數房價的住宅。一九七〇年代初期，美元價格開始飆漲的原因，我們稍後會談到。

不只是房屋市場，我們還可以從英鎊／美元或黃金計算的角度看到其他領域的差異。例如，我先前提到一品脫牛奶過去只需五便士，現在卻需要五十五便士。大概五分鐘前，你可能以為這是食品漲價的結果。如果以英鎊計價，確實如此。但接下來你知道會發生什麼：如果觀察以黃金計價的糧食價格指數會怎樣呢？

如圖表三所示，以黃金計算，糧食價格不但沒有上升，反而大幅下降。一九六〇年可以買到一份小吃的黃金數量，現在可以享受一頓大餐。（但如果你只依賴英鎊或美元儲蓄，可能會餓肚子）。我們再次看到，一九七〇年是貨幣價值突然下降的時間點。同

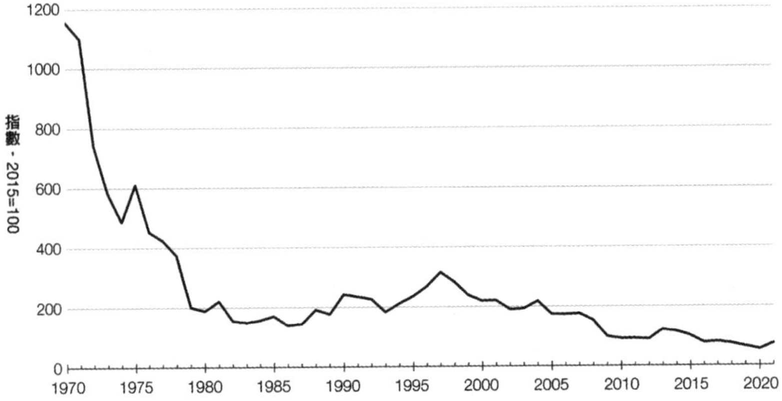

圖表三：以黃金計價的聯合國糧農組織（FAO）糧食價格指數（Food Price Index）[4]

樣，我們稍後會得知其中的原因。

我一直拿英鎊和美元做例子，是因為它們是全球主要貨幣，統計資料容易取得，可以追溯到一百多年前，但其實幾乎任何貨幣的發展模式都一樣：如果把錢財存成黃金，情況會好很多。

接下來是我答應要探討的另一個角度：通常而言，你的錢隨著時間越長，能買到的東西越少。不只是房屋或牛奶，而**是所有東西**。

我們可以透過觀察「購買力」（**buying power**）來理解，一如其名，「購買力」是計算你在特定時間點能用貨幣換來多少東西的指標。可以理解，歷史上的價格數據稍嫌粗略：我們只有一些地方市場上商品價格的書面紀錄。此外，很多商品不可能直接進行產品之間的比價，因為一七〇〇年代還沒有很多手機、瑜珈墊或Nike運動鞋在銷售。為了克服這些限制，我們將使用「綜合物價指數」（composite price index, CPI）來研究購買力，該指數整合各種數據來源，盡可能提供廣泛且符合實際狀況的景象。

重要的是，購買力指標並不包括投資如房屋等資產的價值。在這裡關注的純是你的錢在日常「消費」商品和服務方面能夠買到什麼。

在這個例子中，我們將使用英鎊，因為我們擁有相當可靠的數據可以追溯到很久以前。首先，我們將比較一八三七年（維多利亞女王登基時）一百英鎊的「購買力」和今天同樣一百英鎊能買到的東西。如果你今天能用一百英鎊買到與當時數量相同的商品，你會認為英鎊是一種很好的價值儲藏方法，換句話說，你的「購買力」在一八三七年是一百英鎊，今日仍是一百英鎊。然而，如圖表四所示，……嗯，你自己看看。

顯然，對一八三七年的人來說，一百英鎊可以買到價值一百英鎊的商品。而且從

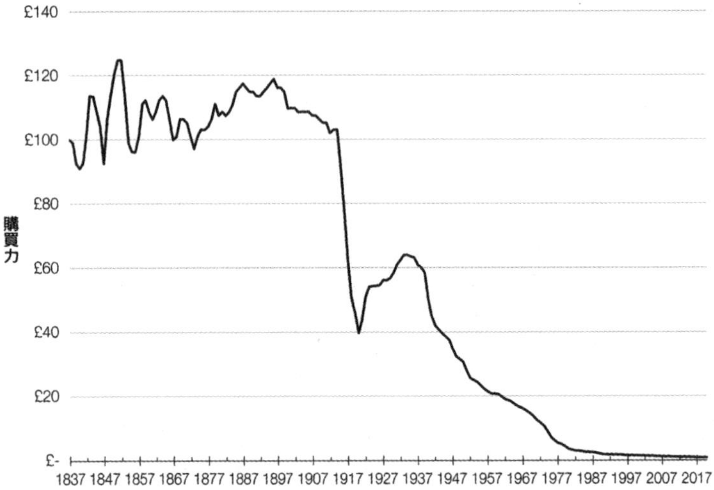

圖表四：一百英鎊隨時間變化的購買力[5]

圖表四可以看出，一八三七年的一百英鎊到一九一四年仍有一百英鎊的購買力——這表示一個人外出能夠買到與前兩代人相同數量的商品。

但是，如果這個人於一九一四年將一百英鎊放進錢包，然後放在那裡六年，突然跑去打仗呢？到了一九二〇年，這一百英鎊只能買到一九一四年四十英鎊所能買到的東西——購買力急劇下降。如你在圖表四中看到的，購買力雖於一九二〇年後有所回升，但在一九三九年又急劇下滑，再也沒有恢復。

現在我們來思考更長的時間範圍。

想像一下，你有位親戚在一八三七年決定留下一筆遺產，讓某位曾曾孫在二〇二二年繼承。他留下的錢，按照一八三七年的物價，足以購買價值一百英鎊的商品——這筆錢在他當時看來非常慷慨。等到二〇二二年打開信封，這位遙遠後代只能買到價值八十七便士的現代商品，沒錯，八十七便士。

你的貨幣計分卡

總言之，現代貨幣（我們以英鎊和美元為例）在三個功能標準中有兩個表現出色，但第三個標準的表現卻非常差：

- **貨幣是很好的交易媒介**，得到廣泛的認可，且數千萬人欣然接受採用。
- **貨幣是很好用的計價單位**，透過將所有東西都以一種主要貨幣「定價」，使每年難以想像的大量商品得以交易流通，不會受到什麼阻礙——意指貨幣是表示價格的絕佳方式。

事實上，貨幣表現得相當成功，而且每天看起來都很穩定，以至於我們在認知上投入相當大的努力來說服自己，貨幣的價值實際上並非固定不變。

- 然而，**作為一種價值儲藏的方式，貨幣的表現糟透了**。單看英鎊就好：在短短幾代的時間內，英鎊喪失了逾九九%的購買力，而且將近一半是過去二十幾年內失去的。

貨幣購買力下降不僅發生在極長的時間範圍內。試想，經過了一晚盛大的千禧年狂歡活動後，你把錢包忘在大衣口袋，直到今天整理東西才發現。如果這個錢包裡面有一張百元美鈔，它現在的購買力比你當初遺失時少了四二%；[6]如果是一百英鎊，則減少了五〇%；那一百歐元呢？購買力僅下降了三六%；澳洲澳幣和加拿大加幣的數字差別不大。請花點時間稍作反思，這是多麼不可思議的事情：世界上許多重要的貨幣，都有可能在二十年內失去一半的購買力，而你甚至沒有察覺到。

好吧，但這個問題究竟有多嚴重？這裡一直談論放在錢包裡的現金，但通常你會把錢存放在銀行裡，這樣才能賺取利息。完全可以肯定，如果隨著時間推移，任何貨幣單位能買到的東西會越來越少，它的購買力還是有所損失。但如果你把錢存入銀行並賺取額外的錢，你就能夠彌補購買力的下降，減少對你個人的影響。

舉例來說，你可能在一九九〇年將一百英鎊存入銀行，透過賺取利息，讓你在二〇二〇年領出一百三十五英鎊，並發現這筆較高的金額能夠買到和你當初存英鎊時同樣數量的物品。或許你甚至能夠買到更多，因為你賺取的利息超過了購買力下降的幅度，所以獲得更好的結果。

就大部分的金融史來看，這正是每個人所處的情況。但在某些時候，購買力下降的速度飛快，以至於你能夠賺取的利息根本追不及下降的速度。我們正在經歷這些時候。

從二〇〇九年到現在，銀行利息已經無法抵消購買力的下降幅度，這表示你需要冒更大的風險才有機會維持現狀。這意味著至少過去十四年間，無論你是否意識到，你一直在承受貨幣無儲存價值之苦，而且比過去更加痛苦。

那麼是什麼原因導致購買力迅速下降？為什麼在歷史上某些時期，購買力下降的速度比其他時期更快？有人試圖阻止這種情況發生嗎？要回答這些問題，我們需要求助於塑造世界經濟最重要的力量之一，無論我們是否意識到，這個力量與我們所有人的生活息息相關。

章節總結：

- 現代貨幣沒有固定的價值。當某樣東西的價格發生變化時，重點在於考慮到貨幣的價值變化和物品本身的變化。
- 當你以黃金而非英鎊或美元來看價格時，你會發現價格要麼保持不變，要麼下降，都不會出現上升——這暗示發生變化的是貨幣，而不是其他商品。
- 我們的英鎊在短期內相對穩定，但其「購買力」在過去一百五十年到兩百年間急劇且持續下降（光是過去二十年就幾乎下降了一半）。

參考資料：

1. https://alphahistory.com/weimarrepublic/1923-hyperinflation/
2. https://www.gov.uk/government/statistical-data-sets/live-tables-on-housing-market-and-house-prices and https://www.measuringworth.com/datasets/gold/result.php
3. https:// www.chards.co.uk/gold-price/gram/usd/all-time and https://www.census.gov/construction/nrs/historical_data/index.html
4. https://www.fao.org/worldfoodsituation/foodpricesindex/en/
5. https://www.in2013dollars.com/UK-inflation
6. https://in2013dollars.com/

第三章

為什麼物價總是上漲？

每個好故事都需要一個反派，而這個就是我們遇到的壞蛋。造成你購買力下降的邪惡勢力有個名字，那就是（你可能已經猜到了）**通貨膨脹**（inflation）。

除非通膨正處於偶爾特別高的階段，不然沒有人會太在意，就算我們注意到，也只是把通膨視為金融生活的一個事實。然而，即使通膨看起來平淡無奇，它仍然是一股強大的力量，會使一些人變窮，讓一些人致富——透過了解通膨造成的原因，我們可以更深入認識貨幣世界的運作方式、如何在這個世界繁榮起來。

如果你的薪資比得上通膨的速度，那麼通膨就不是問題，但這個不能百分之百保證（事實上，如果你住在英國，平均薪資自二〇〇八年以來也都有調漲，那麼你根本沒有獲得真正的加薪，因為薪資幾乎跟不上通膨）。[1]如果你在銀行的存款至少能獲得同樣金額的利息，那麼通膨就不是問題，但自二〇〇九年以來，這種情況並不存在。因此，如果通膨的最好情況是保持現狀，最糟情況會造成嚴重的損害，那麼政府就必須不斷努力防止通膨發生，對吧？

呃，不對。溫和的通膨不僅被容忍，而且是明確的政策。英國、美國、加拿大、澳洲、紐西蘭、日本和歐盟都設定每年二%的通膨目標，並刻意採取措施實現通膨。[2]

什麼是通膨？

身為作者，最偷懶的一件事就是仰賴字典的定義，但這次你需要放我一馬：通貨膨脹是一個經常被提到的術語，每個人都以為自己知道通膨的意思，但知道通膨的定義，才能真正理解它的由來。

我最喜歡的通貨膨脹字典定義（什麼？這些定義你都不愛？）取自藍燈書屋《韋氏英文大辭典》（*Random House Webster's Unabridged Dictionary*）：「（通膨）係指與貨幣量增加相關，一般物價水準持續且顯著地上漲，導致貨幣價值減少。」

把這段定義拆解來看。我們已經理解「貨幣價值減少」的意思：我們知道英鎊自維多利亞女王時代以來已經損失了九九%的購買力，美元的情況也相差不遠。「一般物價水準持續且顯著地上漲」其實只是從另一個角度看同樣的事：如果某種貨幣正在貶值，那麼以該貨幣計價的所有商品價格自然都會上漲。特別有意思的是「與貨幣量增加相關」這個部分——這引發了一個明顯的後續問題：「蛤？」等到本章結束時，我們就會明白了。

不過，我們需要先知道，如何判斷通膨是否確實在任何特定時間發生。

我們經常談論「通貨膨脹」，彷彿所有物品都有個固定數字，但實際上在一個經濟體中，所有產品和服務都有自己的通膨率。例如，目前一打雞蛋的通膨率可能較低，而建築服務的通膨率可能較高。某些商品可能會經歷**通貨緊縮**（**deflation**）（在特定時候或永久性），意思就是它們的價格變得更便宜。科技是最好的例子：今天，你可以花較少的英鎊或美元買到一台功能優於十年前的電視。這種情況很合理：每件物品都以不同方式的生產（在國內或國外製造、投入不同的資源、不同類型的勞動力等等），所以會有不同的因素影響其價格。

在大多數國家，通貨膨脹是透過挑選假設的「一籃子商品」來測量，這一籃子商品應該代表典型消費者會購買的東西。在英國和美國，由此得出的衡量指標稱為消費者物價指數（Consumer Price Index, CPI），即使有些國家使用不同稱呼，但接下來開始，我會以CPI來指代。在英國，這個「籃子」裡大約有七百三十件物品，包括無麩質穀物、風帆裝備、手足修甲和競馬比賽的入場券。[3]（該份清單會隨著時代發展而變化：二〇二二年刪除了男士西裝，將抗菌濕紙巾列入。）如果這個假設性籃子裡的商品總價在一年內增加了四％，我們會說消費者物價通膨率為四％。

這樣推估顯然不完美，因為每個人購買的產品和服務都不同，所以實際上，每個人都有自己的個人通膨率，不一定與CPI有很大的相似度。不過，縱然CPI的通膨率為四％（假設），並不代表你的生活花費會增加四％（可能更多或更少，取決於你購買的東西），但CPI作為衡量一般物價長期變動的工具仍然有用，我們在本章中將應用CPI。

什麼造成通膨？

我們在觀察短期內價格上漲（從逐月而非逐年來看）時，每一項產品都有自己漲價的原因，通常與供需有關。例如，如果加州發生乾旱導致橘子供應量減少，或者哪位廣受歡迎的電視廚師在食譜中使用橘子造成需求量大增，橘子價格可能會因此上漲。（反過來看，如果橘子盛產導致市場供應量過剩，或者因為健康恐慌造成需求量下降，橘子價格可能會因此下跌。）

但單一因素的改變，也可能同時影響到大量商品。可能是：

- 許多商品會使用的重要原物料（例如石油）變得更昂貴；
- 世界上某個製造大量商品的地區（例如中國）工資上漲；
- 政府展開大規模的建設計畫，增加了對勞動力和建設過程中所有投入要素的需求，進而推高物價；

- 每個人突然覺得自己更富有（也許是因為股市快速上漲），因此對所有事物的需求增加了，如果供應量增加的速度不夠快，無法滿足需求，物價就會上漲。

把這些「影響一切」的事件串在一起，就有了物價隨時間上漲的解釋，尤其是當你將預期納入考量時。如果物價過去以來一直呈現上漲趨勢，企業就會把每年價格漲幅納入合約和租約裡作為補償，員工每年也會要求更高的工資。換句話說，由於有充分的歷史證據來預期通貨膨脹，最終這個對通膨的預期將成為自證預言。

但光是「商品」方面還不足以解釋造成通膨的原因，通膨與貨幣本身可能也有關係。換言之，也可能是所有事物的成本花費保持不變，但你計價的貨幣價值卻在減少。為什麼會發生這種情況？

令人驚訝的是，貨幣貶值的原因和個別產品價格變動的原因相同，都是供需關係。更準確來說，貨幣供給量隨著時間增加，由於貨幣數量的增加，每單位貨幣的價值也就因此下降。

在進一步探討之前，我需要強調經濟學家之間一個令人乏味的爭議。幾乎沒人質疑，貨幣供給量增加是導致通膨的原因，畢竟，前面提到的字典定義「與貨幣量增加相關」已經暗示了這一點。但問題不單單是數量的增加，商品需求、失業程度、政府行動以及貨幣在經濟中的流通速度（velocity）等因素也有影響。談到控制通膨方面，經濟學家對於哪些是應該關注的因素有不同的觀點，現實情況也無法將它們拆開來看，好找出正確的因素。

不過在這裡，我只關注貨幣數量。這樣並不是說貨幣數量是唯一因素，但我希望透過單獨觀察，能夠證明它是一個重要因素。我也認為這個因素值得關注，因為即使經濟學界幾乎所有人都同意貨幣數量具有影響性，但你在關於通貨膨脹的新聞報導中卻鮮少聽到這個問題。（真奇怪，政治人物接受採訪時也往往不會提到。）

首先來證明貨幣數量確實隨著時間而增加。次頁的圖表五顯示出，一九〇〇年至一九五五年期間英國經濟市場的貨幣總量（學術上以M4來表示的衡量指標，通常俗稱為廣義貨幣）。

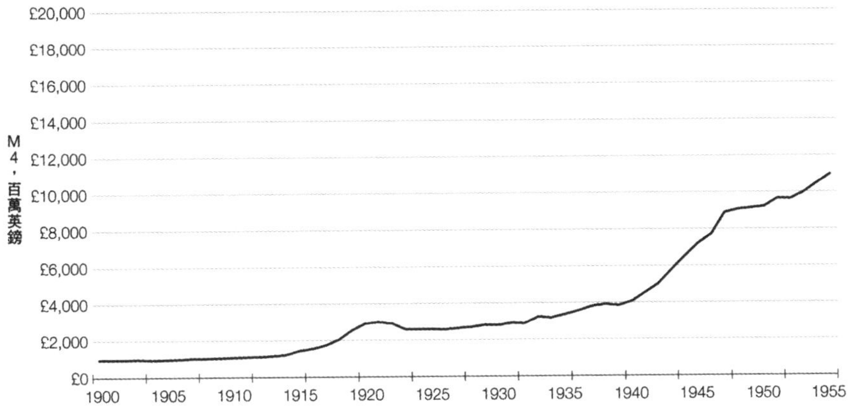

圖表五：一九〇〇年至一九五五年英國廣義貨幣（M4），以百萬英鎊為單位。[4]

你可以看到，貨幣供給量曲線在一九一四年到一九二〇年間出現隆起，然後從一九四〇年開始大幅攀升。如果這些時間點看起來似曾相識，那是因為它們正好是我們前面看到購買力下降的時間點。這些時期發生過什麼事情？世界大戰。戰爭開銷高昂，所以政府突然有了龐大的新成本需要面對。他們如何支付這些費用？透過製造新的貨幣，以支付武器和軍隊費用。貨幣的供給量增加會怎麼樣？最後貨幣的價值會降低。（我們稍後會討論新貨幣如何製造。現在，我只是證明貨幣供給量確實會增加。）

談到英鎊的供給，還有一個特別重要的

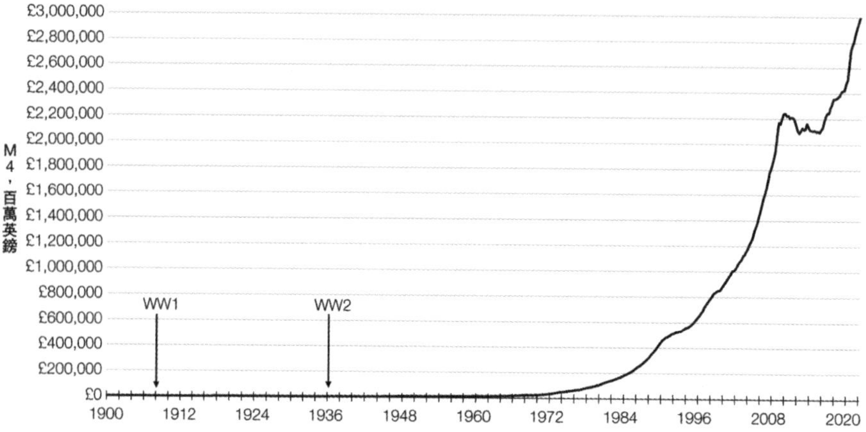

圖表六：一九〇〇年至二〇二〇年英國廣義貨幣（M4），以百萬英鎊為單位。[6]

日期：一九七一年。事實上，我不得不在一九五五年這個時間點切割出圖表五，因為自一九七一年以來，貨幣供給量大幅增加，以至於幾乎看不見受世界大戰影響的波動，如圖表六所示。

在下一章，我們將發現一九七〇年代初期發生了什麼事情，導致貨幣供給量大爆發。無論什麼原因，其影響都很劇烈：這些新增貨幣的通貨膨脹意味著，一九七〇年的一百英鎊到一九八三年只有二十英鎊的購買力（貶值了八〇％，如今只剩五・七英鎊。[5]雖然我在本書使用的是英國經濟的統計數據，但全球各大貨幣的情況大致相同。

我們在這裡看到字典定義的現實效應：「貨幣量增加……導致貨幣價值減少。」換句話說，今天市場流通的貨幣比一九六〇年代多更多，這就是為什麼你必須掏出比過去更多的錢來購買房子、一品脫牛奶、或任何你想得到的其他商品。

如果你仍然覺得市場流通的貨幣更多怎麼會導致購買力下降（以更高的價格呈現），這裡有另一種觀察方式。請記住，貨幣的目的是在你想要進行的每一筆交易之間扮演「中間人」，讓你能夠更方便買到你需要的商品和服務，而不必仰賴與鄰居以物易物。如果政府瘋狂印鈔票，將一百萬英鎊（或美元、歐元）存入每個人的銀行帳戶，會發生什麼事？可供購買的物品數量不變，但每個人手上都有更多的錢。對此，價格必須上漲作為回應，否則所有東西都會短缺，因為新增貨幣並沒有使公司奇蹟似地生產出更多的物品。現實世界中發生的情況沒有那麼極端，但運作機制是相同的。

為什麼政府想要通貨膨脹？

如果你花時間向一個有代表性的民眾樣本解釋通貨膨脹，我無法想像有誰會說他比較喜歡通貨膨脹，而不是穩定的價格：通貨膨脹對大多數人來說不是一件好事，尤其是在過去十四年來儲蓄利息跟不上通貨膨脹的時候。然而，正如我前面所提到的，政府明確想要通貨膨脹，有時他們會不計一切實現這個目標（我們稍後會知道如何實現）。為什麼？主要原因有三個。

第一個原因是「通貨膨脹比通貨緊縮好」。如果知道下個月的價格會比今天低，你可能會延遲購買，如果你認為價格將繼續下跌，那麼下個月你又會延遲購買。如果很多的人和你做同樣的事，商品的產量只好減少，不然這些商品會乏人問津，賣不出去。這樣一來，公司可能需要裁員，因為付不出薪水（也沒有人需要它們生產的東西）。這正是各國政府所害怕的「通貨緊縮螺旋」（deflationary spiral）：通貨緊縮導致失業。因此，政府寧願追求某些通貨膨脹，而不是零通膨，因為這樣就有了低於預期的轉圜餘地，而不至於陷入通貨緊縮的情況。（這種延遲購買的情況在現實生活中發生過嗎？你可能會反駁：想買電視和iPhone的時候，我們基本上都會購買，儘管我們完全明白這些產品的價格會隨著時間降低而品質提升。）

第二個原因是，通貨膨脹迫使人把錢用掉，不願意持有大量的現金，因為貨幣一直貶值。民眾反而有動機把錢拿去購物（有助於維持就業穩定和今日的經濟成長）、拿去投資（也許投資股市，提高貨幣價值，讓每個人都覺得更有錢）、或者至少會把錢存入儲蓄帳戶，賺取一些利息（存入銀行可以提供貸款給企業，進而在未來生產更多商品）。

現在來解釋第三個原因。雖然通貨膨脹對大多數人來說是件壞事，但對某一群人來說是件好事：就是那些借了錢並因此「負債」的人。為什麼？因為通貨膨脹意味著你將來必須償還的錢比你借的錢還少。舉個極端的例子，假設你在一百年前借了二十英鎊。你可以用這二十英鎊支付一個月的房租，還剩下足夠的錢外出吃飯（難以置信，但千真萬確）。然後等到今天你需要還錢的時候，通貨膨脹意味著你可以直接從錢包裡掏出一張二十英鎊，遞交出去，幾乎察覺不到什麼損失感。相比之下，通貨緊縮使債務更難償還，增加了個人和企業公司破產的可能性。

政府為什麼要善待那些負債的人？我們很快就會看到，因為政府本身的債務比任何人都多。他們體驗到的好處，和你在我的二十英鎊例子中所看到的一樣。通貨膨脹使借款變得沒那麼痛苦，因為未來必須償還的錢價值更低。（所以，答案是否定的，政府這樣做其實不是出於善意去幫助那些負債的人。）

所有國家都選擇了二％的通膨目標並非巧合。通膨率高於零，具備我們前面看到的三個好處，又不至於太高。如果通膨率長期高於二％太多，可能會引發「通貨膨脹螺旋」（inflationary spiral）：所有東西都變得更昂貴，這表示員工會要求更高的薪資，而更高的薪資又拉高了生產成本，進一步導致價格提高，然後不斷循環下去。二％代表著一個「黃金區間」（Goldilocks zone），既可避免通貨緊縮，又可抑制高通膨的危機，沒有人需要太過擔心物價上漲的問題。

可以預測貨幣增加對經濟的影響嗎？

雖然我們已經看到貨幣數量和價格變動之間的明確關聯，但重點在於，不要誤以為這是一種線性關係：例如，你不能說貨幣供給量增加五％，物價就會上漲五％。如果沒有其他因素的影響，也許可以這樣解釋，但正如我們所見，還有很多其他因素存在。讓事情更加複雜的是，在增加貨幣到看見任何效果之前，存在著未知且多變的時間差，所以政策制定者可能新增一些貨幣，等待六個月後才發現，「嗯，沒有太大效果，我再增加一些」，結果因為他們的第一次干預，通貨膨脹在接下來一週突然上升。

另外要考慮的是，消費者的感受將影響增加貨幣供給的結果和時機。我們在二〇二〇年見識過這一點：英國政府為了提振疲軟無力、被封鎖的經濟，加印幾十億英鎊鈔票，但需求（除了舒適的居家工作服和酸種酵母之外，幾乎所有東西）也同時下降，因為人民擔心失業。當然，也是因為人民關在家裡無法花錢。因此，沒有通貨膨脹的現象（至少短時間之內沒有）。

最後，你需要思考新增的貨幣最後流到哪裡。假設政府印製了幾十億英鎊，將所有錢都交給一個人，然後這個人把錢永遠擺在保險箱裡，什麼也不做。結果會怎樣？對物價不會有任何影響。這種情形顯然不可能發生，但貨幣確實會以不同方式流入經濟體系，取決於貨幣是如何增加的，這關係到貨幣增加對通膨的影響程度，和哪裡出現通膨。

我們在第八章會回頭深入探討這些概念。現在，你只需要了解，雖然從一般意義來說，增加貨幣供給量會產生長期的通貨膨脹，但每年還有其他影響因素相互作用，所以短期內不可能看到兩者之間有直接的線性關係。

快速回顧一下

我們已經明白到，任何特定產品的價格上漲可能是由多種因素引起，但幾十年來所有商品的價格普遍上漲，主要是受到貨幣數量增加的影響。這就是字典裡對於「通膨」的定義。

我們也明白到，通膨對於負債的人有利，而對其他人可能不利。我們現在知道，政府本身也有龐大的債務，他們刻意採取行動製造通膨，部分原因是他們最能從中受益。在接下來的幾章中，我們將研究他們的作法，因為他們採用的機制有微妙且重要的影響。

在這裡，我們有必要提醒自己回想第一章提過的概念：稀缺性是好貨幣最重要的特性。如果有哪種貨幣像黃金一樣（數量有限、不易生產、不會一夕之間供給量大增），我非常樂意拿我的書來交換。如果貨幣像樹葉一樣（你可以隨時走到外面抓起一把），那我就不太願意接受這種貨幣。英鎊、美元、歐元和其他主要貨幣現在變得像樹葉嗎？還沒有——但請記住，與幾十年（甚至幾世紀）之前相比，一九七〇年代以來貨幣供給量增加得有多快。在接下來的章節，我們顯然應該牢記這個重點。

所以我們現在的情況是：世界各大經濟體都以中央控制的貨幣運行，其幣值每年刻意降低，貨幣數量則可能無限增加。但我們是怎麼走到這一步的？無窮無盡的新貨幣怎麼能說出現就出現？又是什麼導致購買力和貨幣供給突然大轉變？

為了回答這些問題，我們需要再次回到過去，追溯一段將世界從簡單的地方經濟網路，轉變成現今極度複雜的金融體系的旅程。在這個過程中，我們會發現，我們已進入了一個五十年前從未見過的金融實驗。

章節總結：

- 通膨是透過「一籃子商品」來衡量的，用於計算官方的通膨指標，但實際上每個人都有自己的通膨水準，取決於他們購買的物品。
- 政府想要通貨膨脹，因為他們更擔心通貨緊縮，而且通膨可以更容易管理他們自己的債務。
- 長期的普遍性通膨是由於經濟中貨幣數量的增加速度，超過了你可以用貨幣購買的商品和服務數量。
- 持續的通膨意味著，現代貨幣沒有履行貨幣的三大功能之一：「儲存價值」。

參考資料：

1. https://www.newstatesman.com/chart-of-the-day/2022/01/uk-wages-fall-back-below-2008-level
2. http://www.centralbanknews.info/p/inflation-targets.html
3. https://www.ons.gov.uk/economy/inflationandpriceindices/articles/ukconsumerpriceinflationbasketofgoodsandservices/2022
4. https://fred.stlouisfed.org/series/MSM4UKQ and https://www.bankofeng land.co.uk/boeapps/database/fromshowcolumns.asp?SeriesCodes=LPQAUYN&UsingCodes=Y&Filter=N&title=LPQAUYN&VPD=Y
5. https://www.in2013dollars.com/uk/inflation/1970?amount=100
6. https://fred.stlouisfed.org/series/MSM4UKQ and https://www.bankofengland.co.uk/boeapps/database/fromshowcolumns.asp?SeriesCodes=LPQAUYN&UsingCodes=Y&Filter=N&title=LPQAUYN&VPD=Y

第四章

錢與權

你可能從小就被灌輸這樣一句至理名言：「己所不欲，勿施於人。」電影《阿拉丁》中有一句更諷刺的經典台詞：「誰擁有黃金，規矩就由誰來訂。」我們將在本章看到，更準確（雖然沒那麼簡潔有力）的說法可能是：「誰擁有權力，關於黃金的規矩就由誰來訂。」

在上一章中，我們了解到過去五十年間整體經濟的貨幣數量急遽增加，而且速度只會越來越快。怎麼可能呢？這個嘛，在歷史上的大部分時間裡，這是不可能發生的事，直到二十世紀後半葉，煞車才鬆開，讓貨幣製造變得如此毫無節制。

所以，二十世紀末究竟發生了什麼變化？我們將在本章找到答案——而為了確保到時候能理解發生了什麼改變，我們會先快速回顧貨幣的歷史……

最早的貨幣

在實體貨幣發展之前，人們早已開始交易貨物。[1]「記帳木棍」（Tally sticks）至少在三萬年前就被用來記錄誰欠誰債。最後，陶製代幣（clay tokens）取代了這些木棍。但兩種似乎都只是作為所有權主張，代幣本身並沒有在人與人之間進行交易。最早的實體貨幣好像是美索不達米亞的「錫克爾」（shekel），大約可以追溯到七〇〇〇年前。金屬錢幣出現的時間則更近一些，分別起源於西元前一〇〇〇年左右的中國，和西元前六五〇年左右的古希臘。

最終，這些小小的金屬片成為組織經濟的主要方式。一如既往，英國是很好的研究案例（不只是因為我住在這裡），因為它的紀錄可以追溯到很久以前，而且在貨幣史上發生重大改革期間，它是主要強國之一。等到我們進入二十世紀時，會再與其他貨幣連結起來。

錢幣在英國的使用可以追溯到西元前二世紀，[2]但直到西元八世紀，錢幣的使用才變得普遍，錢幣本身也更加標準化。後期的錢幣由銀製成，「英鎊」（pound sterling）這個名稱源自於一磅純銀的重量。這點非常重要，因為錢幣價值在於金屬本身：無論是熔融還是鑄造成方便使用的圓盤形狀，其價值應該都是完全相同的。

一磅純銀可以分成兩百四十枚便士；一先令等於十二枚便士，一磅等於二十先令（12×20＝240），每枚便士又可細分成四法尋（farthings）。大約一千三百年來，我們以這種方式安排貨幣制度長達一千三百年之久，直到一九七一年，終於有人想出了一種不那麼耗費腦力的結構。（尼爾・蓋曼〔Neil Gaiman〕說：「英國長期以來一直抵制十進位貨幣體系，因為他們認為十進位『太複雜了』。」）

幾個世紀以前，一切運作都基於地域性考量——主要是因為遠距離傳遞訊息所需的時間。就貨幣而言，每個城鎮都會鑄造自己的錢幣，並沒有像今天這樣只有「皇家鑄幣廠」（Royal Mint）。這種情況會有什麼問題？它為任何一個「鑄幣師」（生產貨幣的行業名稱）創造充分的機會來欺騙制度，在本該使用的純銀中混入便宜更多的錫。換句話說，不夠謹慎的商人可能會以為他們得到一磅有價值的純銀，但如果他們決定熔掉純銀，就會發現根本一文不值。鑄幣師最終會懊悔受到這種利益誘惑：因為亨利一世於西元一一〇〇年當上國王後，發現了這種情況，便下令閹割所有鑄幣師，並砍去他們的右手。

將近四百年後，經過七位亨利國王，亨利八世於一五〇九年登基。他希望對貨幣的管控更集中，因此關閉了所有的地方鑄幣廠，並規定倫敦的皇家鑄幣廠是唯一可以生產新幣的機構。雖然消除了鑄幣師擅自更改錢幣銀含量的機會，卻也給予君主在中央進行同樣行為的機會，而且無需擔心被閹割。如果把控制權交給某個渴望累積越多財產越好、又不必擔心受到懲罰的人，結果如你所料：皇家鑄幣廠成立約三十年後，錢幣的銀含量從九〇%以上，降到剩三分之一左右。[3]最初因其重量得名的一英鎊硬幣，如今已經沒有那麼重了。

類似的集中管控模式也在世界各地上演。例如德國，漢堡市在一八七三年之前一直有自己的貨幣，直到德國統一才採用馬克，然後於二〇〇二年改用歐元。在美國，雖然美元於一七九三年經確立為主要貨幣單位，[4]但私人地方和地區銀行仍被允許發行自己的鈔票，直到一八六一年為止（約有一千六百家銀行這樣做）。日本在一八七一年採用日圓之前，有兩百四十四個獨立的氏族發行自己的貨幣。[5]在每個案例中，此舉都消除了地方權貴為自身利益操縱金錢的能力，並將這種特權轉移到中央政府手中。

中央銀行誕生

大約一六〇〇年左右，世界上大多數國家的君主都以這種方式集中管理他們的鑄造廠。但是，另一場革新即將來臨：世界上第一家中央銀行在英格蘭誕生。

到了十七世紀，英格蘭的白銀變得稀缺，因為大量白銀被運到海外，作為購買外國商品的貨款。取而代之的是開始用黃金來定義英鎊的價值。（這個變化由因「萬有引力」聞名的牛頓負責監督。）大約在同一時期，英國出現了強烈的國家資金需求。由於英國在與法國的戰爭中輸掉一場關鍵的海戰，需要籌募一百二十萬英鎊重建艦隊。

在那個年代，君主親自借錢資助戰爭是很正常的事。但很遺憾，當時剛過世的查理二世（Charles II）在生前積欠了巨額債務，讓所有人都打消借錢給他的繼位者的念頭。為了給予潛在放款方信心，一六九四年，威廉三世（William III）同意成立一個新的國家「中央」銀行：英格蘭銀行（Bank of England）。重要的是，英格蘭銀行將由議會監督，而不是國王；它所借的任何資金將由整個國家負責，而不是執政的君主負責。這個策略奏效了：在十二天之內，新銀行就籌募到戰爭所需的一百二十萬英鎊（出資者約一千兩百多人）。[6]

因此，**國債**（**national debt**，即政府欠那些放款方的錢，如今國債金額已經達到數兆）於一六九四年，以一百二十萬英鎊貸款的形式誕生了。這筆貸款是個開始，但絕非結束：到了一八一五年拿破崙戰爭（Napoleonic Wars）結束時，政府債務已上升至八億英鎊左右。[7]

從貴金屬到鈔票

英格蘭銀行的成立也帶動了鈔票的發行。在此之前，英鎊的價值體現在銀幣或金幣本身；現在，首次可以用一張毫無實質價值的紙鈔來代表這個價值。

為什麼人們會開始接受這種無價值的紙鈔作為有價金屬的代表？因為這些鈔票可以在英格蘭銀行兌換確定數量的黃金：這些鈔票實際上是「收據」，代表存放在銀行的實物黃金。鈔票能夠按照要求兌換成黃金，對於大眾信心非常重要，但實務上很少人這樣做：人們樂意接受鈔票以換取商品和服務，是因為知道這些鈔票背後有他們信任的東西。

當然，銀行確實擁有可以償還每個人所需的黃金——以防他們同時帶著他們的紙鈔前來，要求等值的黃金……對吧？嗯，其實並非如此。英格蘭銀行發現民眾對紙鈔非常滿意，很少人要求兌換黃金，於是開始發行比自己擁有的黃金更多的鈔票。在一七三〇年代，由於有太多人同時前來兌換黃金，英格蘭銀行差點倒閉——但最後撐了下來，五十年後，仍然按照要求支付黃金。

在快速瀏覽金融史的過程中，我們發現了一個規律：每當有機會創造或獲得額外的金錢時，人們都會積極把握這個機會。

- 古代地方上的「鑄幣師」有機會減少錢幣的貴金屬含量，所以他們這麼做了——結果被砍掉了一些重要部位。
- 亨利八世也有機會以類似的方式減少錢幣的貴金屬含量，一旦錢幣鑄造集中化，他也這麼做了（但他的身體部位完整無缺，嗯，這就是掌握權力的好處）。
- 英格蘭銀行的成立讓政府能夠借貸，於是在一百多年的時間裡，債務累積了超過十億英鎊。
- 英格蘭銀行還發行了可以按照要求兌換黃金的鈔票……而且發行的鈔票數量比其持有的黃金還多。

圖表七：一百英鎊在一七五〇年至一八一五年間的購買力變化[8]

這些具體行動和當時利用任何現行制度的普遍傾向，代表多年來，越來越多的錢被創造出來。我們知道，流通的貨幣越多，每一英鎊的幣值就越低——在圖表七中，你可以清楚看到，從一七五〇年（這是我能找到的最早數據，大約是英格蘭銀行成立約五十年後）到一八一五年（代價高昂的拿破崙戰爭結束）之間購買力的暴跌。[9]

不僅是英鎊，正如我們將要看到的那樣，貨幣被濫用以造福當權者的模式，在世界各地一直存在。

古典金本位制

如圖表七所示，英鎊的購買力在一八一五年後實際上有所回升，然後保持相對平穩狀態，一直持續到一九一四年。其中一個原因是沒有戰爭：雖然十九世紀中期歐洲各地戰火四起，但英國基本上沒有捲入衝突，而是專注於建設自己的帝國。戰爭較少表示不太需要印製新的貨幣或增加新的債務。

然而，英鎊幣值穩定的另一個原因是，一八七〇年代開始實施的「金本位制」（gold standard）。在西方國家決定相互貿易而非相互殘殺之後，金本位制解決了一個顯而易見的問題。雖然國際貿易增加讓經濟更加繁榮，也不像戰爭那麼可怕，還是帶來了讓人頭痛的問題：各國貨幣之間不斷兌換的繁瑣困擾。為了解決這個問題，大多數國家決定加入英國的行列，將本國貨幣與一定數量的黃金「掛鉤」。每種貨幣都可以按照固定價格兌換成黃金，這也有固定不同貨幣之間匯率的作用。（和我們在第二章碰到的現今浮動匯率制不同。）

實際上，金本位制表示黃金成為支持國際貿易的基礎。這種貴金屬真的在每個國家的中央銀行之間運送往來，用於結算付款——因此，如果一個國家從其他國家購買的商品多於銷售給其他國家的商品，該國中央銀行的黃金儲備就會減少（反之亦然）。

雖然採用金本位制只是為了促進國際貿易，但它也有副作用，限制了英格蘭銀行無節制印鈔的能力：如果這些鈔票被拿來購買海外商品，英格蘭銀行就不得不把黃金送到海外進行「結算」——黃金終將耗盡。不過，雖然這表示中央銀行必須謹慎控制其發行的紙鈔數量（避免了貨幣供給量像採用國際金本位制之前那樣快速增加），但英國國內的其他情況並沒有改變：理論上，紙鈔仍然可以按照需求兌換成黃金，可是當所有人都拿出紙幣時，黃金仍然不夠發。

這個系統並不完美，但在第一次世界大戰爆發前一直運作良好。第一次世界大戰爆發後，國際合作（顯然）破局，每個國家都全力以赴為戰爭籌措資金。在英國，英格蘭銀行根本沒有足夠的黃金來準備戰爭。由於受到宣戰謠言的驚嚇，有些人開始做一件銀行不樂見的事情：排隊將手中的紙鈔兌換成黃金，此舉讓這種困境變得更糟。

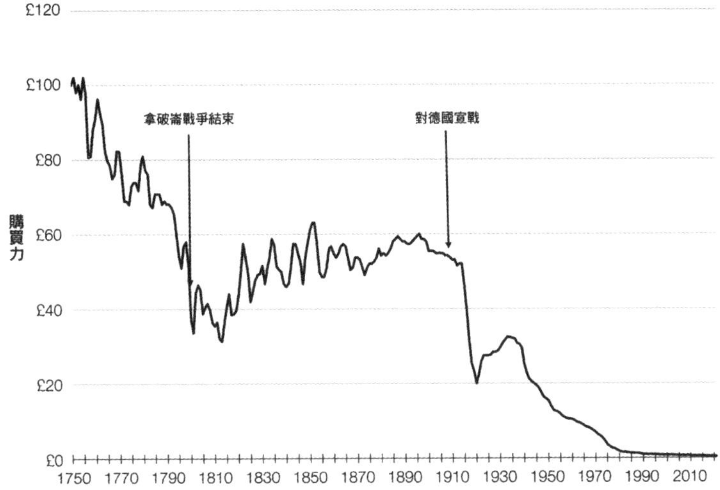

圖表八：一七五〇年到二〇二〇年間一百英鎊的購買力變化

結果，在對德國宣戰的第二天，《一九一四年貨幣與紙鈔法》（Currency and Bank Notes Act of 1914）簽署通過。這使政府有權印製價值數百萬英鎊的新鈔——這些新鈔必須被認可為法定貨幣，而且最關鍵的是，不能兌換成黃金。這就是為什麼在圖表八中，你會看到英鎊購買力在一九一四年急遽下降：貨幣供給量突然增加，自然而然降低了英鎊的價值。

這是具有里程碑意義的時刻：雖然結果證明之前發行的紙鈔並沒有完全得到黃金的擔保支持（這點在民眾集體擠

兌時變得很明顯），但這些紙鈔本來應該有的。《一九一四年貨幣與紙鈔法》標誌著中央銀行首次發行與黃金沒有任何實質聯繫的貨幣。[10]這些新的英鎊之所以是英鎊，純粹是因為上面印有「一英鎊」的字樣，並且官方聲稱它們的價值就是一英鎊。

第一次世界大戰後，英鎊與黃金的連結短暫恢復過，但在一九三一年，英格蘭銀行永久終止了鈔票兌換黃金的服務。從那天起，英鎊成為一種「法定貨幣」，[11]這表示它的價值純粹是由政府決定，與任何有形的物品都沒有任何關連。

金本位制重啟

二戰結束後，重建信任和促進國際貿易顯然需要一個新的安排。回歸到一切以黃金為基礎的作法，在戰前似乎效果不錯，但這次行不通了——原因很簡單，美國現在持有全球四分之三的黃金供給量。美國是如何累積這麼多黃金的呢？

首先，一九三三年，時任總統小羅斯福（Franklin D. Roosevelt）頒布命令，禁止美國公民持有黃金：所有黃金都必須賣給政府換取紙幣。[12]該舉措旨在增加中央銀行的黃金儲備，也確實達成了目標。另一個因素是在加入二戰前，美國向同盟國提供武器和其他資源，同盟國用黃金支付。由於美國比其他國家較晚參戰，所以戰爭消耗的資源也較少。

美國的戰後實力，加上黃金儲備量和對美元強勢地位的普遍信任，意味著美元被認為「和黃金一樣好」。因此，在一九四四年，有四十四個國家設計並簽署了一個新的貨幣體系。[13]這個新貨幣體系有三個明確的特點：

一、美元得到一個固定的黃金價值（一盎司黃金兌換三十五美元）。

二、所有貨幣與美元的匯率都是固定的。

三、各國（而非個人）可以隨時將他們的美元交還給美國的中央銀行（稱為聯邦準備理事會〔Federal Reserve〕），並獲得對應價值的黃金。

這樣一來，各國之間的貿易有了一個穩定且可預測的基礎，因為一切最終仍以黃金為基礎。由此確立美元成為一種方便、值得信賴的貨幣，可用於全球貿易。例如，一家銷售產品給希臘的日本工廠可能不想以德拉克馬（drachmas）來交換貨物，但他們會很樂意收到美元，因為他們知道在另一筆國際貿易中可以使用這些美元。或者，他們可以按照預先設定的匯率將美元換回本國貨幣（日圓）。在這個體系下，包括英鎊在內的各種貨幣實際上都有黃金作為「擔保」，就像過去一樣，只是美元居中發揮促進交易的作用。這個體系運作良好：實現了戰後穩定，全球貿易也得以重建。

為了讓這個體系持續運作，有一點至關重要：各國需要相信他們總是能夠將美元兌換成一定數量的黃金。換句話說，他們需要相信**真的有足夠的黃金**來支持發行的美元。因此，美國政府所要做的就是，避免在尚未累積更多黃金作為後盾之前，額外印製數百萬美元。客觀來看，這個要求不算太過份。

啊！這個要求確實太過份了，但坦白說，也不完全出乎意料。正如我們已經多次看到的那樣，當領導人可獲得創造金錢的權力，負面後果又可以全部丟給未來的領導人去操心時，他們往往無法抵擋住誘惑。

在連續幾屆政府的治理下，美國推行了大規模的社會計劃、打了曠日彌久的越戰、與俄羅斯爭相登月——所有行動都需要錢，而美國實際上沒有這些資金，只能通過創造更多美元來實現。其他國家意識到這一點，他們開始對未來能否將美元兌換成黃金失去信心，因為黃金絕對不可能足夠。結果是：許多國家開始行使他們的權利，將美元交還並要求黃金。美國的黃金供給量減少到了需要採取某種行動的地步——於是在一九七一年八月十五日，尼克森總統宣布「暫時」停止美元兌換成黃金。[14] 換句話說，三十五美元暫時不等同於一盎司的黃金或任何數量的黃金。在這個暫時性的基礎上，美元將失去任何實物的支持，因此，與美元匯率掛鉤的每種貨幣也都失去支持。這個暫時性的基礎已經持續了五十年，直到現在仍然持續著。

如果問到這個問題，我想大多數人都會有個模糊的概念，以為是某種東西賦予了英鎊、美元或任何其他國家的貨幣價值——可能是因為他們記得曾經有過這樣的年代，或者只是覺得這樣才合乎邏輯。然而，自一九七一年那一天起，沒有任何實物作為貨幣價值的保證。基本上，這表示沒有任何限制可以阻止政府隨心所欲製造他們的貨幣——當然，就像歷史上的執政當局一樣，只要有機會，就會這麼做。當他們趁機利用這種能力時，會發生什麼事？我們現在已經非常熟悉的三步驟模式：

- 貨幣流通量增加。
- 每單位的貨幣價值因此變低——意味著你用錢能買到的東西變少（購買力下降）。
- 所以，以英鎊、美元或其他貨幣計算的物價就會上漲。

步驟一解釋了為什麼英國貨幣量在二十世紀末和二十一世紀初爆發性成長，以至於在此之前的貨幣量在圖表九上幾乎看不到。

如圖表十所示，這個三步驟模式也說明了英鎊購買力大幅下降的原因（步驟二，然後導致步驟三）。

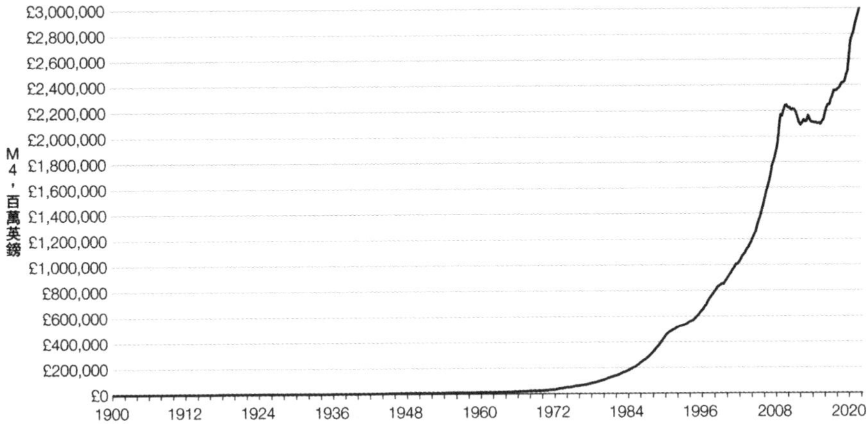

圖表九：一九〇〇年到二〇二〇年間英國廣義貨幣（M4），以百萬英鎊為單位

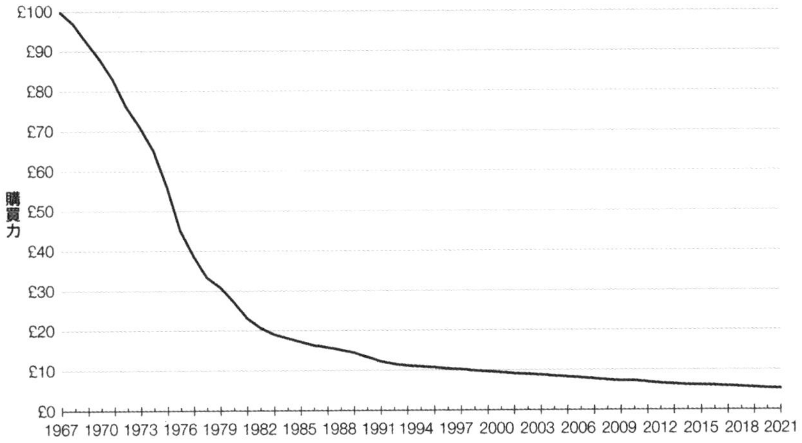

圖表十：一九六七年到二〇二一年間一百英鎊的購買力變化

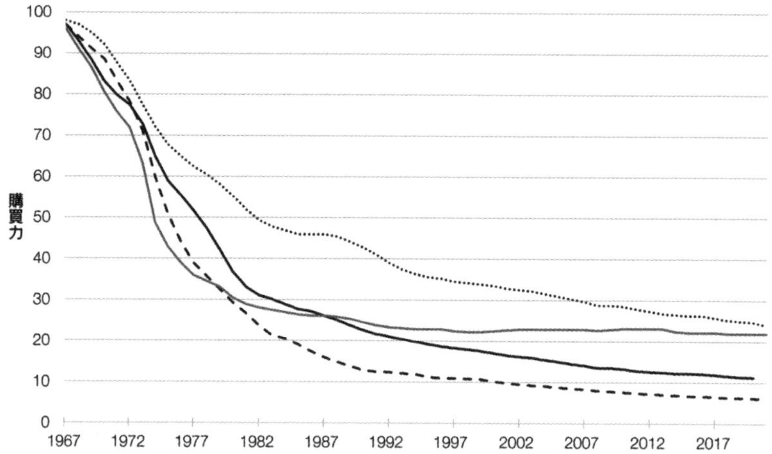

圖表十一：一九六七年到二〇二一年間主要貨幣面額一百的購買力變化[15]（美元＝黑色實線；澳元＝黑色虛線；德國馬克與歐元＝黑色虛點線；日圓＝灰色實線）

而且不只是英鎊如此：從圖表十一可以看出，自一九七〇年代以來，許多主要貨幣的購買力都大幅下降。

我們的新金融世界

自從一九七一年尼克森總統宣布這項消息後，我們就進入了一個全新的金融世界。絕非誇大其詞，如我們所見，歷史上有過幾次政府發行的貨幣與某種基礎實物（通常是黃金）之間關係減弱或破裂的時刻，但至少在原則上這個概念一直存在。如今，全球主要貨幣有價值的唯一原因，是因為政府聲稱它們有價值，這是頭一次。

你可以說，這本身並不是一件壞事。顯然，嚴格由固定數量的黃金作擔保的貨幣無法應對極端事件：這就是為什麼我們看到這些標準規則在戰爭時期遭到棄用。（然而，你也可以非常合理地辯稱，只有一夕之間製造出大量的貨幣，才有可能爆發大規模戰爭——所以，政府受到更多限制更好。）沒有限制也使得政府能夠在和平時期進行有益的干預。例如，假設經濟衰退導致大規模失業，政府可以創造所需的資金，提供就業機會或福利，防止人民陷入貧窮。

因此，靈活性可以是正面積極的，但它也有人性的缺點。如果貨幣在困難時期創造出來，然後在情勢改善時銷毀或償還，那就是另外一回事。然而，從早期的鑄幣師到現代的政府，我們發現，一旦貨幣的價值被稀釋，就再也不會恢復。自一九七一年最後一項實際限制貨幣製造的約束擱置（「暫時性」）以來，我們目睹了貨幣生產量比歷史上任何時期都來得多——對購買力造成相應的影響。我們稍後將會看到，這當然不會對每個人都產生相同的影響：越靠近新貨幣來源的人（或者一開始就持有更多貨幣的人）往往會受益，而其他人則會受損。

如果說一九七一年是貨幣史上一個關鍵的年分，那麼還有兩個較近期的年分讓你記憶猶新（可能是因為你當時親身經歷過）：二〇〇八年和二〇二〇年。稍後，我們將詳細探討那些年發生的事件，因為這些事件對於你的未來錢景意義深遠。不過，首先我們需要回答兩個重要問題：如果任何時候都可以生產任何數量的貨幣，那由誰決定我們需要多少貨幣？誰來負責生產貨幣？答案可能比你想像得更奇怪。

章節總結：

- 無論何時，只要控制貨幣的人有機會讓貨幣貶值來謀取私利，他們往往會把握這個機會。
- 英格蘭銀行的成立使得政府能夠借錢，英國目前逾兩兆英鎊的國債，始於一筆一百二十萬英鎊的貸款。
- 金本位制允許各國貨幣與黃金「掛鉤」，以便與其他國家進行貿易。
- 對於貨幣供給的約束限制（例如可兌換成黃金），總是在困難時期遭棄用，比方說戰爭時期。
- 自一九七一年以來，所有主要貨幣具有價值，純粹是基於政府的說法，而且政府想生產多少貨幣都沒有實際限制。

參考資料：

1. https://www.investopedia.com/articles/07/roots_of_money.asp
2. https://www.chards.co.uk/blog/brief-history-of-british-coins/464
3. https://link.springer.com/chapter/10.1057/9780230118249_4
4. https://www.mycreditunion.gov/financial-resources/history-united-states-currency
5. https://www.britannica.com/topic/yen
6. https://www.bankofengland.co.uk/archive/index-to-original-subscribers-to-bank-stock-1694
7. https://www.historyandpolicy.org/seminars/seminar/hm-treasury-series-8-the-national-debt
8. https://www.officialdata.org/uk/inflation/1750?endYear=2020&amount=100
9. http://piketty.pse.ens.fr/files/capitalisback/CountryData/UK/VariousOfficialSeries/CPIsince1750.pdf
10. https://www.natwestgroupremembers.com/banking-in-wartime/banking-business/gold-banknotes-and-money-supply-in-the-first-world-war.html
11. https://www.bankofengland.co.uk/-/media/boe/files/quarterly-bulletin/2014/quarterly-bulletin-2014-q1.pdf
12. https://www.presidency.ucsb.edu/documents/executive-order-6102-requiring-gold-coin-gold-bullion-and-gold-certificates-be-delivered
13. https://www.federalreservehistory.org/essays/bretton-woods-created
14. https://www.federalreservehistory.org/essays/gold-convertibility-ends
15. https://www.officialdata.org/

第五章

錢從哪裡來？

二〇〇九年九月，警方針對一個偽鈔集團進行長期調查後，在西倫敦奇斯威克（Chiswick）地區突襲一間公寓。該公寓持有人是八十三歲的丹尼斯．漢考克斯（Dennis Hancox），裡面擺著一台印表機，偽鈔集團用這台印表機印製了價值五百萬英鎊的鈔票，然後以略低於面額的價格出售。[1]由於漢考克斯年事已高而免於牢獄之災，但同集團的其他成員總共被判處十三年監禁。

然而，並非所有貨幣創造（money creation）都是違法的：就在八個月前，位於東部十英里處的英格蘭銀行，其一個月內「印製」的新鈔量大約是偽鈔集團的四萬倍，總計兩千億英鎊。[2]時任英格蘭銀行總裁馬文．金恩（Mervyn King）後來受封爵士，幾年後更獲得上議院席位。

從這一切得到的教訓是什麼？也許是你我不能隨意創造貨幣，但那些為某幾個特許機關工作的人，在嘗試創造貨幣時還能拿到他們的專屬勳章。而且不只是英格蘭銀行，還有其他少數特許機關也可以憑空印鈔，我們將在本章後面提到它們。實際上，有些機關可能已經在你面前這麼做了，而你完全沒意識到發生了什麼事。

我們需要多少錢？

既然我們有了一個沒有任何實物「支持」貨幣的體系，而且可以無限創造貨幣，現在必須有人來負責決定我們需要多少錢。

想像一下，你在面試過程中不知道怎麼地蒙混過關，並得到了這份工作。你會從哪裡開始？如果你在工作第一天就手忙腳亂打電話向我求救，我會建議你先計算一段時間內商品與服務的產量變化，然後根據這個變化調整貨幣供應。從非常簡單的供需角度來看，如果額外的流通貨幣量與正在製造和銷售的額外商品量相符，那麼物價應該保持平穩——這看起來是一個合理的狀態。

但還有其他需要考量的事。首先，政府不希望物價完全穩定：它希望物價有一定的通膨率（每年二％的通膨目標），意思是物價應該隨時間慢慢上漲。所以，執政當局會傾向於讓貨幣稍微超出他們認為真正需要的量，因為這樣能產生溫和漲價的效果。

好吧，那麼只要算出穩定的物價需要多少的貨幣量，然後再往上加一點就行了嗎？

也不太對，因為物價會受到各種因素的影響，而這些因素與貨幣流通量毫無關係——包括我們在第三章看到的一些因素，比方說，石油價格。因此，為了保持物價平穩但又能略微上升，決定貨幣數量的人需要預測到這些因素的所有可能情況，並調整貨幣數量，讓各個影響達到完美平衡。

聽起來非常困難吧？沒錯，不只這些。政府通常不願只是袖手旁觀，被動創造足夠（再略多一點）的貨幣來配合經濟產出：政府希望扭轉局面，利用貨幣數量來影響經濟產出。例如，當人民對經濟未來的信心低迷時，可能會出現公司倒閉、失業恐慌、每個人的消費減少，反而導致更多公司倒閉的惡性循環。因此，政府可能希望向經濟挹注額外的資金——一來可以「填補經濟缺口」（保持需求，以防失業潮），二來可以提振人民的消費信心，避免出現惡性循環。

即使在景氣不算特別差的時候，相較於只有「剛好足夠」的貨幣量，如果人民能夠獲得更多的錢，最後可能會生產更多（進而使經濟受益）。舉例來說，如果因為有更多的錢，借錢變得更容易且更便宜，企業家可能會借錢創立更多事業，最終產生有價值的創新事物。然而，政府需要取得一個平衡點，因為如果貨幣變得毫無限制和容易取得——換句話說，如果長期下來，貨幣數量遠遠超過你可以用錢買到的「物品」數量——物價可能漲得過快。

你很慶幸不必負責決定創造多少錢嗎？我能理解：想實現這樣的平衡，對於任何少數人來說幾乎都不可能辦到，這也是為什麼我們最終採取了一個相當複雜的制度，我們很快就會談到。

誰來決定應該創造多少錢？

到目前為止，我一直把決定貨幣數量的人稱為「政府」或「政府官員」（**those in government**），但實際上情況更複雜一些。

一九七一年金本位結束以後，過去將本國貨幣與黃金掛鉤（透過美元）的政府突然有了更多自由，可以自行決定如何評估他們的貨幣價值和應該創造多少錢。但一開始進展並不順利，因為一九七〇年代通貨膨脹率高得驚人。在英國，一九七五年通膨率高達二四％，且從未低於七％。[3]雖然各國政府都希望看到一定程度的通貨膨脹，但這樣又通膨過頭：極端且持久的通貨膨脹可能會造成生活普遍困苦，甚至社會動盪，尤其是在失業率居高不下的時候。在英國，薪資增幅追不上通貨膨脹的步伐，引發工會發動罷工。這反過來又導致「三天工作制」，由於煤炭產量短缺，在這段時間內，企業每週只能用電三天。

一九七〇年代通貨膨脹的原因很複雜，你可以討論其中有多大部分是政府的決策錯誤，但在一九七〇年代形勢底定以後，人們還是形成了共識，即政治人物不應該掌管貨幣供給。為什麼？基本上，因為追求廣受歡迎和贏得選票的慾望，會讓政治人物急功近利（所以他們的決策會變得太多、太快），或者不願採取先苦後甘的長久之計。解決辦法是什麼？把這份工作交給中央銀行。

這些中央銀行仍然屬於政府的一部分，但在貨幣政策方面被賦予操作獨立性

（operational independence）——表示這類事務由謹慎理性的銀行家監督，不是反覆無常、渴望選票的政治人物，而且他們據稱不受任何政治影響。

將貨幣供給的責任推卸給中央銀行的方法，被稱為**通貨膨脹目標機制**（inflation targeting）：實際上是「請創造我們預期的通貨膨脹目標水準，並採取任何你們認為必要的措施來實現此目標」。一九八九年，紐西蘭率先採行這項對策，[4]接下來三年內，英國、加拿大、瑞典和澳洲也陸續加入行列。然後美國於二〇一二年、日本於二〇一三年、印度於二〇一六年也紛紛跟進。時至今日，全球已有二十七個國家採行這種作法，其中包括大多數主要經濟體。

英格蘭銀行有一項次要任務，就是協助政府實現經濟成長和就業目標，[5]但絕對不能妨礙到控制通膨率在目標區間內的主要目標。同樣地，美國的聯準會也有「雙重任務」，[6]即要求在物價穩定（實際上是指物價緩慢上漲）與就業最大化之間取得平衡。

那麼，中央銀行到底是怎麼實現這個目標的呢？直覺上，你可能會認為，如果他們想增加流通中的貨幣，只要印鈔就好；反之，如果他們想減少流通中的貨幣，就會收回並銷毀部分貨幣。而且，如果他們想這樣做，就可以做到。然而，事實上，大多數貨幣並不是這樣創造出來的。聽起來可能令人驚訝，但即使英格蘭銀行等中央銀行有權隨心所欲創造任意數量的貨幣，在大多數情況下，還是讓商業銀行（如西班牙國際銀行〔Santander〕、匯豐銀行或其他大型銀行）來創造貨幣。為什麼呢？因為把貨幣創造的工作交給一小群央行官員，並不能解決「我們需要多少錢」的問題。央行官員可能比政治家更有能力提出正確答案，但要搞定這個問題，仍然需要對於經濟現狀、數百萬人民和企業面臨各種可能行動的集體反應，有無所不知的洞察力。

起初聽起來可能有點奇怪，但讓商業銀行靈活地創造貨幣，卻能避免把責任交給少數人，而是讓市場決定要創造多少錢。中央銀行的角色，是影響這些商業銀行的貨幣創造：採取行動，使銀行增加或減少貨幣，並非直接參與創造貨幣的過程。

好，很好，但我們談論的行動是哪種？中央銀行要如何與商業銀行合作來解決貨幣創造的問題？首先，我們必須承認，即使是專門研究中央銀行的經濟學家們，也無法在貨幣創造的精確機制上取得一致意見，因為實在太複雜。對於大多數從事金融業的人、在英格蘭銀行和美國聯準會工作的人、以及幾乎所有國會議員都是如此。我會儘量簡化令人困惑的細節，同時保留理解基本要點所需的內容。

那麼就開始吧。現在我們知道，商業銀行實際上負責創造大部分的貨幣，我們可以先從理解他們如何做到開始。之後，我們將了解中央銀行是如何影響這個過程的。

商業銀行如何創造貨幣

許多人認為銀行就像儲蓄者和借款者的媒合機構，但即使過去可能是這樣，現在也不是了。今天，銀行的貸款能力與儲蓄者的存款多寡幾乎沒有太大關係。事實上，銀行願意的話隨時可以發放貸款，在這個過程中還會創造出新的貨幣。

舉例來說，假設亞當走進一家銀行，想要借個十萬英鎊來創業。銀行確實會進行一些檢查，評估他的還款能力，但出納員不會跑去金庫確認是否有十萬英鎊儲戶存入的閒置資金，因為這並沒有直接關係。如果銀行判定亞當是有能力償還貸款的低風險對象（good risk），銀行行員就會替他開立一個帳戶，然後輸入數字「一」，後面加上五個〇。就是這麼簡單。這筆十萬英鎊是全新的資金，而實際上是打字輸入進去的，亞當現在可以去創業了。從會計角度（一切都需要平衡）來看，銀行現在有了一筆新債務（借給亞當的十萬英鎊）和一個新資產（亞當承諾償還的十萬英鎊加上利息）。這兩項紀錄都是發放貸款的行為本身產生的：這筆資金不是從其他地方調來的，在貸款之前根本不存在。

可是當亞當將貸款清償時，情況卻反了過來：這筆資金消失了。銀行裡原本輸入十萬英鎊的亞當貸款帳戶會歸零，銀行的資產和債務也隨之消除。因此，發放貸款時，整體經濟的貨幣總量會增加；貸款清償後，貨幣總量會減少。

或許讓人覺得難以置信，原來創造貨幣這麼簡單，只要輸入數字即可。這總令人感覺哪裡「不太對勁」：難道不是需要一群人先存錢進去，然後其他人才能借到錢嗎？並不是這樣的。正如經濟學家兼作家高伯瑞（J. K. Galbraith）所說：「銀行創造貨幣的過程太過簡單，以至於人們的心態難以接受。談到這麼重要的事情時，似乎需要更深奧的解釋才合理。」[7]

讓普通的商業銀行「得以」運用這些貨幣創造功能，而不是由至高無上的中央銀行來決定，這樣是否明智呢？事情其實沒有聽起來那麼瘋狂，在我們這樣一個有活力且複雜的經濟體中，讓貨幣需求（民眾想要借貸的需求）來決定貨幣創造的數量，比起由英格蘭銀行會議室裡一群聰明絕頂的人來決定，更有可能接近「正確」的數字。

然而，這裡有一個潛在的利益衝突需要加以管理。如果商業銀行沒有一定的資金「存量」可以貸給客戶，而且每發放一筆貸款就會神奇地變出錢來，那麼表示可以貸款的金額是沒有限制的。此外，由於銀行每次發放貸款都能賺取手續費和利息，所以銀行會傾向提供貸款給任何上門的人。那麼，什麼原因會阻止銀行這麼做呢？

某程度上，銀行會自律——因為即使銀行可以憑空創造出放貸的資金，如果借款者無法償還，他們仍然會蒙受損失。想像一下，亞當借了十萬英鎊，以現金形式提領出來，全部花在切普斯托（Chepstow）的賽馬上，然後宣告破產。即使原本貸給亞當的錢只是輸入數字而已，銀行實際上還是損失了十萬英鎊現金。（如果他為自家公司購買商品，把十萬英鎊轉到了其他銀行，然後他的公司倒閉無力償還貸款，其影響也是完全一樣，只是沒有那麼戲劇性。）

但光是這樣還不夠：銀行可能失控，因此中央銀行可以利用兩種機制來控制商業銀行的貸款數量。第一種是監管機制：每個國家的中央銀行都制定了銀行必須遵守的各種比率，限制銀行相對於資產規模的貸款額度。這些比率可能隨時間調整，讓銀行貸款變得更容易或更困難。這個機制相當直覺：即使中央銀行使用的方法沒有那麼直接地說出「只能貸出某某額度」，人們仍然預期中央銀行對商業銀行設定了一些限制。

第二種機制不太明顯，是與影響貸款價格有關。

貸款價格：利率

一開始是什麼因素決定了亞當和其他人是否想要借貸？和其他購買決定一樣，價格是重要因素：如果利率是一％，而不是一〇％，你借錢的可能性就更高。例如，身為消費者，如果貸款利率是一％，你很有可能申請貸款來支付暑假費用，因為還款不會太痛苦。作為一家企業，你很有可能申請貸款來聘請更多員工或投資新設備，因為提高生產力的好處遠超過支付利息的成本。

所以……

- 中央銀行希望控制商業銀行所創造的貨幣量（因為反過來會影響經濟中的貨幣總量，進而影響通貨膨脹的程度）。
- 民眾借貸時，商業銀行就會創造貨幣。
- 利率低時，貸款的人可能較多，所以創造的貨幣量也會增加。相反地，利率高時，貸款的人可能較少，所以創造的貨幣量也會減少。（實際上，如果還款的人數超過借款的人數，貨幣甚至可能被銷毀。）
- 因此，為了控制貨幣數量，中央銀行需要影響商業銀行對個人和企業收取的貸款利率，和發放的存款利率。

那麼中央銀行又是如何影響商業銀行收取的貸款利率呢？控制商業銀行創造貨幣的成本。怎麼控制？透過制定在英國所謂的**「基準利率」（base rate）**。其他國家有各自的術語（例如，美國聯準會的術語是「聯邦基金利率」），但在本書我一律稱作基準利率。

要理解基準利率是什麼和它為什麼重要，首先需要明白，中央銀行就如同各家銀行的超級專屬私人銀行。像你我這樣的普通人不能在中央銀行開戶，但每家商業銀行都可以——這就是銀行之間結算轉帳的方式。例如，如果巴克萊銀行（Barclays）的客戶轉一百英鎊給匯豐銀行（HSBC）的客戶，這兩家銀行不會立即移轉帳款，他們會等到當天交易結束時，扣除互相抵銷的轉帳款項，然後結算剩餘的淨額。假設某一天，巴克萊銀行客戶轉帳給匯豐銀行客戶的款項，比匯豐銀行客戶轉進來的款項多一億英鎊，匯豐銀行就會從自己的英格蘭銀行帳戶轉一億英鎊，給巴克萊銀行的英格蘭銀行帳戶。

每家銀行在其中央銀行帳戶都會保持一定的餘額，以確保當天交易結束時不會出現「資金短缺」的情況，例如，匯豐不會對巴克萊說：「抱歉老兄，我們有點缺錢。」如果銀行出現這種「資金告罄」的情況，將對整個金融系統信心造成災難性影響，不光是特定銀行的聲譽受損而已。各家銀行在其中央銀行帳戶中持有的資金被稱為**銀行準備金**（**bank reserves**，或簡稱「準備金」）。這些準備金實際上是完全獨立的貨幣，只在商業銀行和中央銀行之間使用：銀行準備金不能貸給一般人，一般人在銀行的存款也不能當作準備金。

一家銀行貸出去的錢越多，它需要在央行持有的準備金量就越大。為什麼呢？當銀行為我們虛構的亞當創造了十萬英鎊時，他不會把這筆錢擺在戶頭裡不動，他會拿來購買商品，可能要把錢轉給其他銀行的客戶，這樣亞當的銀行就需要與其他銀行進行「結算」。銀行可以通過吸引儲蓄者的存款，來部分抵銷這些轉出的資金，而且所有銀行都會進行相同的操作，因此在一定程度上會互相抵銷。但隨著銀行發放更多貸款，每日潛在的「波動」變得更大，所以銀行需要在央行帳戶存入更多的準備金，以防哪天從自己的帳戶轉出到另一家銀行時出現巨大波動。

這一切非常有趣（至少對我來說），但與基準利率有什麼關係呢？這個嘛，央行對待每家商業銀行帳戶的方式，與商業銀行對待你的方式類似：

- 對商業銀行存於中央銀行帳戶的準備金支付利息。
- 如果需要將準備金借貸給資金告罄的商業銀行（如透支），則收取利息。

中央銀行支付和收取準備金利息的利率稱為……咚隆咚隆隆，注意……就是**基準利率**！透過操控基準利率，央行可以影響商業銀行貸款給個人和企業的利率。我們先前簡單介紹過，現在是時候解釋實際上如何運作了……

一、如果基準利率提高，商業銀行放貸的成本將增加。

當銀行增加貸款時，它們可能需要借用準備金，在央行存放足夠的資金以確保安全——而現在，借用這些準備金的成本更高。或者，如果銀行有足夠的準備金，可以存放在央行帳戶裡，並獲得比之前更高的利率——因此，它們現在需要向借款者收取更多費用，這樣貸款給客戶才划算。

二、如果基準利率下降，商業銀行放貸的成本將減少。

如果銀行的準備金不足，它們可以用較低的成本向央行借錢。而如果它們有大量的準備金，不再能夠賺取那麼多的利息——因此，即使利率較低，銀行增加貸款也合情合理。

我們來探討一個案例，瞭解以上兩種情況是如何運作的。假設一家商業銀行可以用三％的利率向央行借準備金（或將準備金存在央行），那麼這家銀行可能會用五％的利率貸款給我，從中獲取二％的「利差」，足以支付成本並獲利。現在，假設央行將基準利率調整為一％。我的銀行可能願意用三％的利率貸款給我，同樣維持二％的利差。毫無疑問，三％的利率比五％的利率讓我更有意願借錢，其他許多人也是如此。所以，在利率較低的情況下，整體經濟對錢的需求會增加；銀行會樂於創造貨幣來放貸，以滿足這種需求，並從中獲利。

也就是說，中央銀行可以改變基準利率來影響貸款價格，接著影響貸款數量，然後進而影響整體經濟的貨幣數量。如果操作得當，央行設定的基準利率會激發銀行放貸並因此創造適量的貨幣，從而達到中央銀行的輕度通膨目標。

這個系統真的有效嗎？

經過複雜但希望多少可以理解的方式，我們已經瞭解了中央銀行可以影響貨幣創造量的主要機制。在一連串的解釋和說明之後，現在應該做個總結：

- 藉由改變向銀行提供資金的價格（基準利率），中央銀行可以影響銀行向客戶貸款的價格。
- 貸款給客戶的價格決定了貸款的數量——因為當貸款成本變得更高（即利率更高）時，貸款需求就會減少，反之亦然。
- 因為發放貸款的過程會創造貨幣，所以銀行貸款數量會影響整體經濟的貨幣數量。
- 進入經濟體的貨幣越多（其他因素不變），通貨膨脹率就越高，反之亦然。

如果中央銀行未達到通膨目標，又希望推動經濟，那麼它可以降低基準利率，並鼓勵更多貸款。如果通膨過高，那麼它可以調高基準利率，並減少新貸款的數量——然後，隨著現有貸款清償，貨幣銷毀，經濟體中的貨幣總量會減少。

至少理論上是這樣。也有人認為，即使採取這種價格機制，中央銀行對貨幣創造實際上並沒有太多控制。首先，我們不可能知道潛在借款者對價格變動的反應如何：降低一%的貸款成本會增加多少需求?也不可能知道銀行對價格變動的反應如何。根據銀行對整體經濟的信心或其他任何因素,它們可能會接受較高或較低的「利差」,或者因為擔心借款者違約而不願意以任何價格貸款。

數據怎麼說?這個嘛,三十多年來(從一九九〇年代中期採用通膨目標制度一直到二〇二〇年),英國官方通膨率從未超過三.八六%(二〇一一年)或低於〇.三七%(二〇一五年)。[8]在大多數年分,通膨率落在一.五%至二.五%之間。在美國(早在二〇一二年採用正式目標之前,聯準會已有維持物價穩定的任務),通膨率也達到三.八四%,只有一次稍微降至〇以下。[9]在澳洲,通膨率雖然有所上升(最高為四.六三%),但仍遠低於採取通膨目標制度以前的水準。[10]

這些結果與一九七〇年代失控、破壞性極大的通貨膨脹相比,簡直是天壤之別。這是否證明了通膨目標制度的有效性,還是單純好運?遺憾的是,我們無法確定。這是經濟學的一大問題:你無法在所有條件都保持不變,僅改變一項政策的情況下,重新經歷一遍那段時間。

儘管幾十年來通膨一直得到良好的控制，但在針線街（Threadneedle Street，譯註：英格蘭銀行的所在地）並非無往不利、一帆風順，原因有幾個。第一，二〇〇八年金融危機爆發之後，基準利率的舊伎倆失效，通膨低迷揮之不去，因此英格蘭銀行被迫採取一些前所未有的行動來實現目標。第二，在新冠疫情大流行後，通膨突然轉向，而且開始失控。這些事件非常重要，所以後面會個別以獨立篇章進行探討。

不過，在這之前，我們需要先探討一個非常相關又獨立的主題：借貸和債務。我們已經看到，借貸是貨幣創造的關鍵環節，而貨幣創造是產生「適度」通膨的必要條件。但是，只有在交易的另一方有願意承擔債務的借款者，貸款才會成立。

那麼是誰來承擔這些債務？他們為什麼要這麼做？由債務創造所推動的經濟會產生什麼影響？我們將在下一章看到，債務的作用在過去五十年內，徹底改變了經濟面貌。

章節總結：

- 中央銀行監督經濟體中的所有貨幣創造，但本身不負責創造貨幣。
- 商業銀行發放貸款時，貨幣就會創造出來，這也是經濟體中大部分貨幣的來源。
- 中央銀行通過基準利率影響貸款價格，進而影響貨幣創造量。借貸成本越低，借貸需求就會越大，反之亦然。

參考資料：

1. http://news.bbc.co.uk/1/hi/uk/7967538.stm
2. https://www.bankofengland.co.uk/monetary-policy/quantitative-easing
3. https://www.macrotrends.net/countries/GBR/united-kingdom/inflation-rate-cpi
4. https://en.wikipedia.org/wiki/Inflation_targeting#Countries
5. https://www.bankofengland.co.uk/about/governance-and-funding
6. https://www.stlouisfed.org/in-plain-english/the-fed-and-the-dual-man date.
7. *Money: Whence It Came, Where It Went* (Princeton University Press, 1975).
8. https://www.macrotrends.net/countries/GBR/united-kingdom/inflation-rate-cpi
9. https://www.macrotrends.net/countries/USA/united-states/inflation-rate-cpi
10. https://www.macrotrends.net/countries/AUS/australia/inflation-rate-cpi

第六章

借貸狂潮

在上一章，我們看到銀行並不像普遍觀念所認為的，只是將儲蓄者的存款貸出去。實際上，商業銀行是經濟中主要的貨幣創造者。銀行創造貨幣是為了放貸，貸款發放的數量很大程度取決於民眾想要借多少錢，而借貸需求受到中央銀行設定的價格（使用基準利率）所影響。

這表示，如果我們想了解目前所處的金融世界，就需要了解那些借錢並因此產生債務的人——因為沒有願意借錢的借款者，就不會有貸款，貨幣創造也會因此受到限制。誰在借貸？他們借了多少錢？他們為什麼要借貸？這些借貸對社會有什麼影響？以上都是本章將要回答的問題。

（請注意，在本章，我們只討論**私部門**的借貸——即「除了政府以外的所有人」。政府也是個非常積極的借款者，關於政府的財務情況不會避而不談：這部分留待下一章討論。）

如何有意義的評估債務

在一個經濟體中，把全部債務總額相加起來很容易，但若要進行不同國家和不同時期的比較，衡量債務相對於經濟總規模的比例，比關注絕對數字更有意義。

經濟規模用「Gross Domestic Prouct, GDP」（國內生產毛額）來衡量，GDP指的是「一個經濟體在特定時間內（通常是一年）生產的商品和服務所具有的價值」。觀察一國的GDP數據本身就很有用，因為它能回答一些問題，例如「今年英國的GDP跟去年相比成長了多少？」GDP數字下降不是個好消息，因為生產毛額減少可能意味著失業和公司倒閉。**「經濟衰退」（recession）**一詞指的是GDP連續兩個季度萎縮。

想要衡量相對於經濟規模的債務量時，我們使用了一種非常簡單的計算方法，稱為「債務對GDP比率」（debt-to-GDP ratio）。舉例來說（使用完全虛構的數字）：

- 英國的GDP為兩兆英鎊。

- 英國總債務累積到一兆英鎊。
- 將債務除以ＧＤＰ的比率得出〇·五，即五〇％。

債務對ＧＤＰ比率的「債務」一詞可以指私人債務、公共（政府）債務，或者兩者皆有。從上下文來看，通常可以明確辨認是指哪種類型的債務。由於本章純粹討論私人債務，以下所提到的都是這種類型的債務。

同時，債務對ＧＤＰ比率如何隨時間變化也值得關注。若債務對ＧＤＰ比率不斷上升（比方說從五〇％升到六〇％），這意味著該國的債務成長速度比經濟成長速度更快，這可能是個壞消息。

既然有了債務對ＧＤＰ比率，我們就可以找出真正借貸的人是誰。

企業借貸

大多數企業在某種程度上把債務當成工具，用於各種目的：

- 買進更多庫存，以領先市場需求；
- 投資新設備，提高生產效率；
- 收購其他企業作為成長機會，或者為了清除競爭對手；
- 聘請更多人手，以便加速成長、占領市場或滿足需求；
- 在營業額足以支付日常開銷以前，可以推動新業務的發展；
- 如果企業陷入困境，可以支付日常開銷。

還有許多其他原因。

中小型企業向銀行借貸的方式與個人貸款相同，但希望籌集巨額資本的大型企業，主要是向退休年金、私人貸款公司和個人等投資機構借貸，而不是通過銀行貸款。他們通常以發行**債券**（bonds）的方式向投資者籌募資金——基本上會承諾每年支付一定額度的利息，然後在未來的固定日期償還貸款。我們在下一章討論政府借貸時，將會更深入認識債券。

由於大部分的企業借貸（按照貸款數量計算）並非來自於銀行，所以企業借貸在貨幣創造過程中的影響有限：銀行透過放貸會創造出貨幣，但其他機構放貸，資金只是從一個地方移動到另一個地方而已。因此，對我們的目的來說，個人借貸（絕大部分向銀行借貸）比企業借貸更有意思——我們將在下一個段落討論。然而，要瞭解整體的債務情況，還是有必要花點時間研究企業借貸。

無論是向銀行還是非銀行借貸，企業都對借貸成本非常敏感：借貸成本越低，承擔債務合理與否的門檻就越低。基於同樣的理由，當債務成本低時，新創企業更有可能成立：大多數新公司都需要借貸，如果利息支付較低，創業更容易成功。（例如，在二〇〇六年至二〇〇八年間，基準利率約為五%，英國每年平均有二十六萬八千家新公司成立。[1]在二〇一三年至二〇一五年間，基準利率約為〇．五％，平均有三十五萬九千家新公司成立，比例提高了三三％。當然還有許多其他因素交互作用，所以絕不能說這是借貸利率造成的，但你可以看出兩者的相關性。）

即使是（規模較大的）企業通過債券發行而不是向銀行借貸，基準利率仍然會影響他們借貸的價格。為什麼？因為非銀行融資機構在決定收取多少費用時會考慮基準利率。例如，假設一家融資機構只要把錢放在存款帳戶就能獲得二％的利息，他們就會要求用更高的利率（比如五％）來貸款給一家可能存在無法還款風險的公司。假設他們在銀行獲得的利率降至一％，那麼他們可能願意以四％的利率貸款給公司，進而降低企業借貸成本。

企業債務有多少？目前在英國，無論是向銀行或其他機構借貸的企業債務占GDP的比例為七〇％，[2]大致落在近幾十年來的中間位置：該比例在一九九七年曾低至六〇％，[3]而在二〇〇八年上升超過一〇〇％（GDP下降時，即使債務維持不變，也會使債務對GDP比率上升）。

從能否支付利息的風險方面來說，目前沒有特定的企業債務水準會對經濟造成「危險」：在中國，債務對GDP比率為一五六%，[4]日本為一一七%，英國則介於這兩國和印度（五四%）、巴西（五一%）之間。儘管如此，比率上升表明，需要更多的債務才能維持相同水準的產出，因此這是政策制定者會關注的問題。

個人借貸

個人借貸通常被稱為「家計債務」（household debt）——依我看，這個名稱讓人有些困惑，但大家都這樣說，所以我也會使用這個詞。家計債務可以用來改善未來的收入前景（如學生貸款），或者進行財富增值投資（通常是購買房產），借款者期望這些投資的報酬能夠超過支付債務利息的成本。然而，另一方面，債務也可以單純用於滿足日常開銷需求，沒有未來財富或收入的好處。

英國家計債務總額對GDP比率約八五%，相較之下，美國為七七%，中國則為六一%。[5]與大多數已開發國家的模式相同，英國家計債務對GDP比率於二〇一〇年達到高峰，約為九五%（這是金融危機過後GDP下降的結果），然後持續下降直到二〇二〇年（新冠疫情來臨的時候），接著再次攀升（因為疫情期間GDP下降）。如今，債務比例再次上升。如同企業借貸，沒有特定的債務水準會變得危險，但家計債務對GDP比率上升意味著，個人的消費水準並未增加，卻得背負更多的債務，這可能不是個好徵兆。

儘管過去十年來，家計債務相對於GDP的比例有所下降，但回顧更久以前的歷史會發現驚人的情況。一九七〇年代，英國家計債務對GDP比率差不多維持在三〇%左右。然後從一九八〇年代初期開始，這個比率迅速攀升，如同你在圖表十二中所看到的。為什麼會發生這種情況？我們將在本章後面探討這個問題。

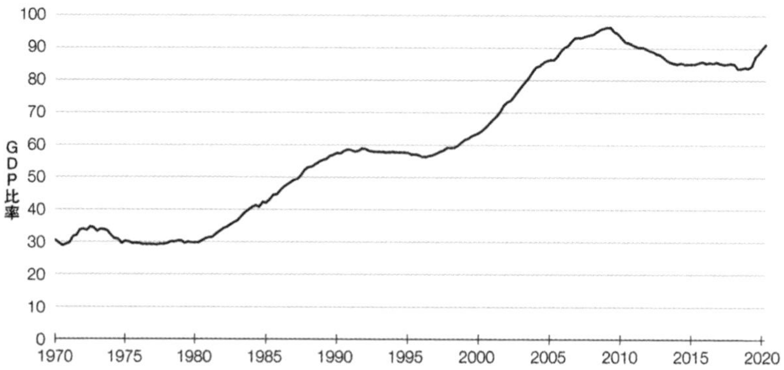

圖表十二：英國家計債務對GDP比率[6]

誰在借貸？為什麼？

從非常廣義的角度來講，較貧窮的人背負債務往往是要支付日常消費，而非購置房地產等資產。我並不是說較貧窮的人為了渡假或購買最新的智慧型手機就隨意舉債（無論哪個財富階層，都會有一些人這樣做）：窮人之所以背負債務，是因為這是他們唯一能夠生存下去的方式。

次頁的圖表十三顯示，按照財富狀況將英國人口分成十個均等的群體（十分位數），第一個十分位數最貧窮，第十個十分位數最富裕。在每個群體中，分別顯示個人有房地產債務（即抵押貸款）的比例，以及有其他任何類型債務的比

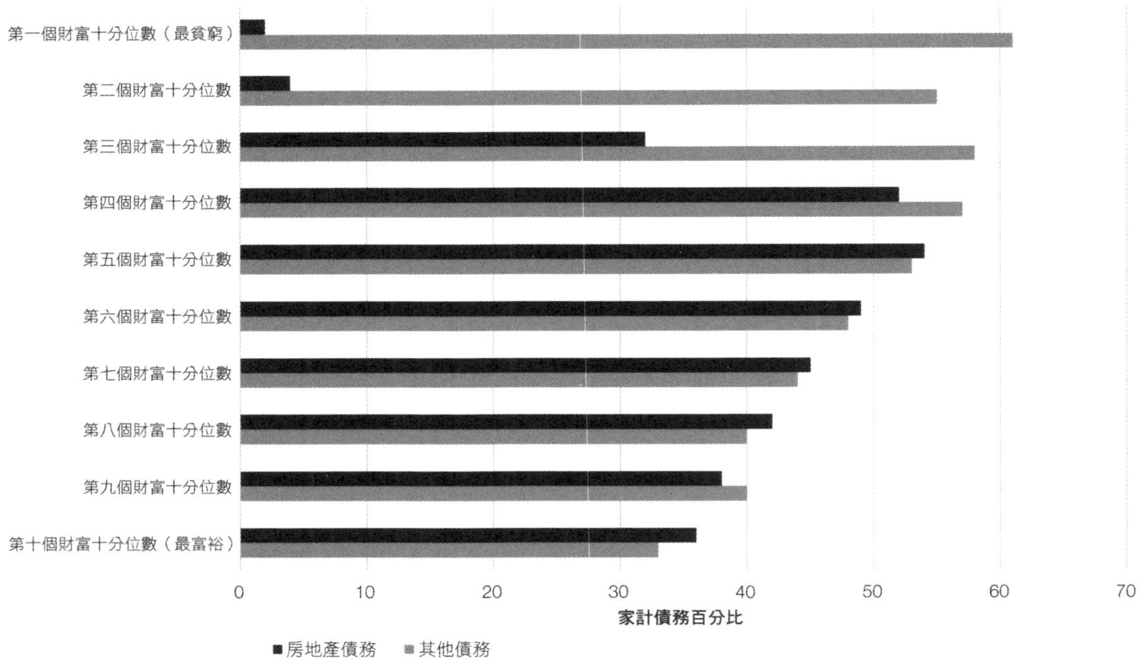

圖表十三：按照財富十分位數分類，英國家計債務中房地產債務（深灰）和其他債務（淺灰）的百分比[7]

例。你會看到，在收入最低的第一個十分位數中，幾乎沒有人擁有房地產債務（因為即使借貸，他們也負擔不起持有房屋的成本），但不少人有其他類型的債務。財富分布越往上走，有房地產債務的人數比例增加，而有其他類型債務的人數比例依然很高。這種情況一直持續到財富分布的中間位置。在那之後，隨著群體更加富裕，與中間位置的人相比，他們同時有兩種類型債務的可能性更小。

這裡值得停下來思考：在超過五〇％的情況下，中產階級的生活方式（以處於財富分布的中間為特徵）是由一般債務和房地產債務支撐起來的。

同樣引人關注的是英國人的債務量相對於總財富的比例，再次按照財富十分位數進行分類，如圖表十四所示。

最貧窮十分位數的人口，其債務總額是全部財富的三倍多，因為即使債務不多，他們也幾乎沒有財富。隨著財富分布上升，債務（大致上）也會下降，幾乎少到看不見。你可能會感到驚訝，在圖表十三中，最富裕十分位數的人口超過五〇％都有某種類型的債務，但在圖表十四中卻看到，這些債務與他們的整體財富相比，幾乎微不足道。

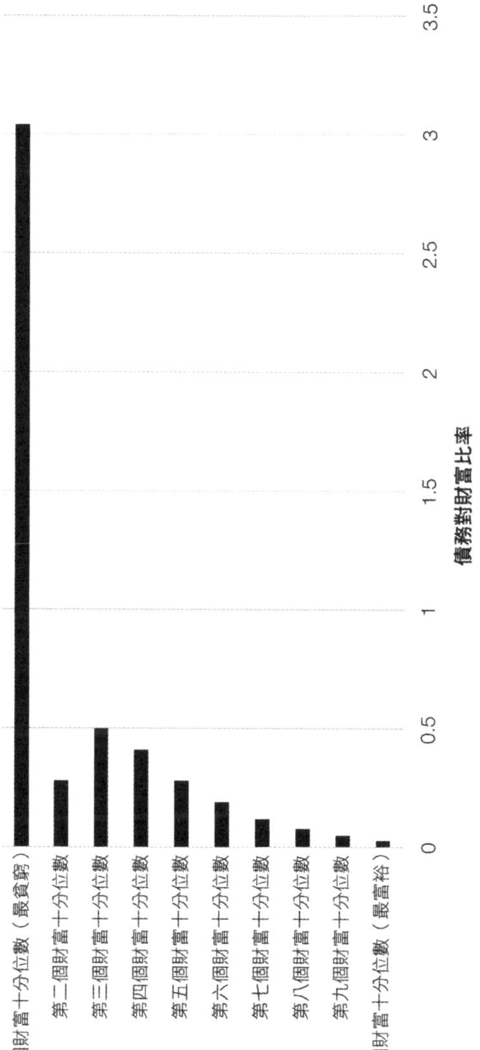

圖表十四：按照財富十分位數分類，英國債務總額對財富比率[8]

這裡有一個明顯的趨勢值得注意：較貧窮的人借貸多半是為了支付生活必需品，而較富裕的人借貸多半是為了獲得資產（特別是房屋）。

你自己的個人利率

富人和窮人不僅是基於不同目的而借貸，他們支付的利率也不同。廣義來說，窮人借貸時需支付較高的利率，因為他們沒有任何資產可作為「抵押品」（collateral，或稱擔保品）——也就是說，如果你不還款，放款方無法沒收任何東西。因此，放貸機構是在「無擔保」的基礎上出借資金，如果借款者不還款，他們能採取的措施有限。所以，他們會要求更高的利率，以反映額外的風險。

例如，財富分布處於最低十分位數的人可能須支付二〇％的信用卡利息，或得支付差不多的透支利率，或者可能有一筆短期的發薪日貸款，其年化利率高達百分之數百甚至數千。即使是最好的情況，長期無擔保貸款的成本目前也落在五%到一〇%之間。[9]這表示，如果基準利率下降（比方說）一%，也不會有太大的差別。也許那個二〇%的利息變成一九%，但那又怎樣？還是要繳很多。

在財富分布的另一端，較富裕的借款者可以提供抵押品（像是房地產）來降低放貸機構的風險，而且即使在無擔保的基礎上，還是能夠以較低的利率借款，因為他們可能有較高的收入和準時還款的紀錄。

由於擁有資產的富裕借款者有較低的「風險溢酬」（**risk premium**）（這表示貸款成本與銀行的實際借貸成本更相關，而不是為了反映風險而加價），所以基準利率降低對他們的影響更大。例如，基準利率為四%，較富裕的借款者或許能以六%的利率借貸。假設基準利率降至三%，也許他們能以五%的利率借貸。稍微計算一下，這表示，基準利率下降一%的話，他們的借貸成本大約減少了一六%——相較之下，前面提到的貧窮借款者的借貸成本只減少五%。

所以，每當基準利率下降，借貸變得更容易、更便宜時，對於最富裕的人來說是一大福音（因為他們為了獲取有價資產的借貸成本大幅下降），但對最貧窮的人來說幾乎沒有差別。反過來看，這對不平等產生了巨大影響。我們將在後面幾章回來討論不平等的主題。

整體債務狀況

我們把企業債務納入討論。如果將家計債務和企業債務合併，作為一個衡量私人債務相對於GDP比例的單一指標，你可以在次頁的圖表十五中看到長期趨勢。圖表顯示出令人驚訝的情況：在相隔一百年的兩個年分——一八八〇年和一九八〇年，即圖表中的垂直虛線——英國債務對GDP比率為六〇%，且在此期間從未超過七〇%。短短三十年後，到了二〇一〇年，這個比率已經達到一九〇%。雖然許多國家的有效數據無法追溯到那麼久以前，但在美國、澳洲、紐西蘭和其他經濟體中，一九八

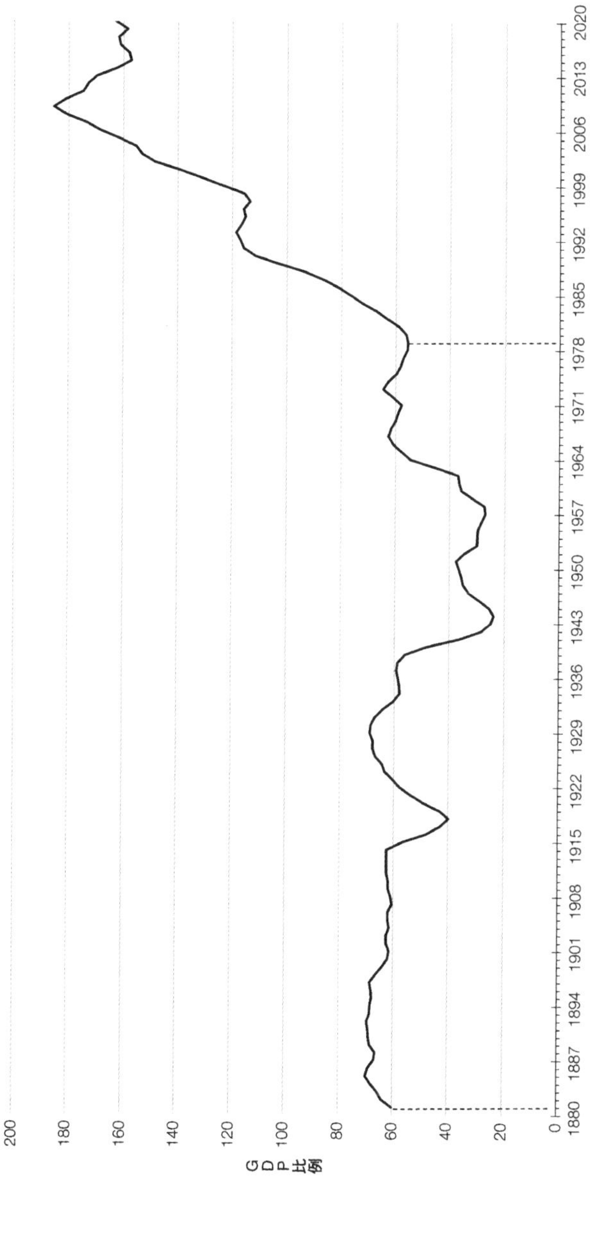

圖表十五：英國私人債務總額相對於GDP比例[10]

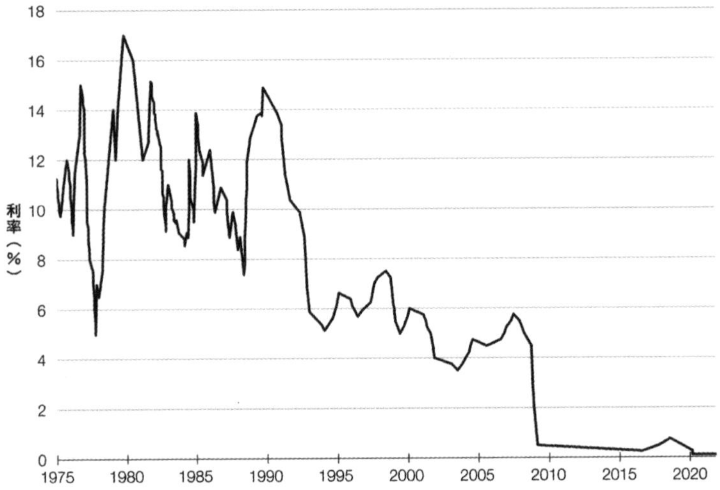

圖表十六：英格蘭銀行基準利率的長期變化[11]

〇年代後期私人債務激增的趨勢是一樣的。

債務激增是怎麼發生的？你可以指出多種因素——包括金融部門的監管放鬆、讓債務變得更加「正常」和可以接受的文化轉變。但最大的因素是借貸成本下降，如圖表十六所示。

一九八〇年，英格蘭銀行的基準利率是一七%，到了二〇一〇年，降至〇・五%，持續到二〇二二年四月，基準利率一直維持在一%以下。因此，近幾十年來，借款者能夠以相同的金額負擔更多的債務，不會增加每月的利息支出——顯然，他們已經利用這個優勢了。特別是對於富裕的借款者來說，他們的借貸水準主要取決於基準利率，而幾十年來，基準利率越來越低。如果借貸成本沒有下降到目前的程度，貸款數量幾乎不會增至三倍（像現在這樣），借款者不可能負擔得起如此龐大債務的高額利息。（現在借貸成本再次上漲會怎麼樣？這個問題我們將留待後面章節來探討。）

因此，過去三十年來，借貸成本已經大幅下降。而且，正如我們從第五章所得知的，英格蘭銀行一定是透過調整基礎利率的迂迴方式，鼓勵了這種情況發生。但是，為什麼呢？為什麼英格蘭銀行希望借貸變得如此便宜？原因有兩個：一是特意製造通膨（以達到每年二％的通膨目標），二是為了提振GDP。

我們現在已經知道為什麼額外的借貸有助於製造通膨，但它如何增加GDP呢？這樣說吧，如果企業借錢來投資生產更多的商品，這個額外的產量就會反映在GDP數字上。如果是個人借款，他們會有更多的錢可以花費，這個額外的消費也會體現在GDP數字裡。因此，更多的債務意味著更多的GDP成長，政府樂見其成。

然而，這裡有一個問題：過去四十多年來，債務量激增，但GDP並未急速飆升，而且在大部分時間裡，通膨率也很低。為什麼如此巨大的額外借款並未產生更大的影響？

談到GDP成長不足時，部分解釋是超過九〇%的家計債務都是抵押貸款的形式。[12]房地產並不會生產任何東西，因此，如果絕大多數家計債務純粹用於購置房屋而不是其他東西，並不會直接影響GDP數字。（不過，有一些抵押貸款是人們將自己的房屋資產釋出，借錢用於購買商品和服務，這就會影響到GDP。）

談到通貨膨脹（或缺乏通貨膨脹）時，這是一個非常重要的問題，整個第八章將專門解答這個問題，並使用你實際經歷過的真實例子。

在關於借貸的這一章準備收尾之前，我們還需要考慮一件事。到目前為止，我們已經討論了貸款數量與成本之間的關係：成本越低，借錢的人越多。如同我們在上一章所看到的，這正是中央銀行影響貨幣創造量的方式。但是，因為借款者是人類，如果不考慮心理因素，我們無法完全理解借款的概念……。

借貸心理學

如果民眾對價格的反應是機械式的，債務越便宜，借貸就越多，而不考慮其他因素，那麼中央銀行的工作會變得更容易。然而，遺憾的是，人們會有一些討厭的情緒，比如恐懼和貪婪，給央行官員們帶來相當大的麻煩。

即使利率維持不變，民眾也會根據自己對未來的感覺來決定是否多借錢或少借錢。對工作前景感到樂觀時，我們會申請高額抵押貸款，因為相信房子會升值，而且持續增加的薪資讓我們更有能力負擔貸款。經濟景氣繁榮時，我們更有可能貸款來創業，經營一個小生意。這也是一種自我強化循環：如果我們的工作看起來有保障，房屋也在升值，我們會更願意借錢來資助我們的生活方式，進一步促進經濟成長。

反之亦然。如果對未來的工作前景感到憂心，我們可能會選擇多付一些房貸，以減少債務和未來的還款額。我們會儲蓄而不是貸款支付開銷。在經濟情勢更明朗之前，我們不會冒險創業。而且，如果房價正在下跌，我們的欠款相對於房屋價值的比例將會增加，所以，即使想借更多的錢，也將變得更加困難。

簡言之，這就是經濟史以繁榮和蕭條為特徵的原因。儘管我們以個人身分行動，也免不了集體心理產生的「從眾心態」（herd mentality）。當經濟景氣良好時，即使是最謹慎的人也會受到周圍樂觀情緒的影響而鬆懈一些，然後整個群體就會過度擴張，承擔過多的債務。最後，事情發展到不可收拾的地步：泡沫破裂，大蕭條到來。

一旦經濟陷入蕭條，從眾行為會持續下去。即使對自己的工作保障感到樂觀，沒有任何財務困難，你仍然可能受到周圍人的影響，由於最近的經驗而保持謹慎。人們需要時間慢慢重拾信心，開始為下一波經濟繁榮做好準備。

這對政府來說是一個難題（順帶一提，儘管已有壓倒性的證據，許多經濟學家仍聲稱這種情況不會發生，）。從中央銀行的角度，遊戲的目標是創造一個良好、一致、可控的通膨率和GDP成長量。然而，如果人們在心理上不願意背負新的貸款，而是堅決償還債務，那麼本質上就是通貨緊縮，無助於經濟成長。利率降得再低，也不會有人動心。

政府面臨的另一個問題是，經濟衰退對於他們再次當選的機會非常不利。「好吧，讓一切稍微穩定下來，這樣債務水準就能下降，然後我們可以從那裡重建經濟」這種態度可能是一個合理的政策，但完全不是贏得選票的策略。這就是為什麼當人們在經濟蕭條後不願舉債時，政府會迅速採取行動，用自己創造的貨幣填補缺口——我們將在下一章瞭解這個部分。

沒那麼神的超能力？

正如我們所見，像你我這樣的個人（在經濟學術語中稱為「家計單位」）借貸，在貨幣創造的過程中具有極其重要的地位。企業借貸在思考貨幣創造方面相對沒那麼重要（因為他們的大部分借款並不是從創造貨幣的銀行而來），但在後面幾章，我們將看到，涉及經濟表現方面，企業債務確實很重要。

我們也看到，在過去幾十年裡，貸款數量突然增加，其中最大的原因之一，是中央銀行決定大幅降低借貸成本。而且，正如我們所知，央行操縱借貸價格的一個重要原因，是為了達到理想的通貨膨脹水準。

然而，雖然中央銀行似乎擁有一種超能力，即制定借貸價格的力量，但「人民的力量」也是貨真價實的。借款者的動機考量不僅是價格，當他們對未來感到擔憂時，會頑強地不願意借錢，使得決策者的工作變得相當困難。有意思的是，這可能表示中央銀行對貨幣供給的控制，遠不如表面上看起來那麼強大——我在前一章中暗示過這點。中央銀行的主要機制是制定貨幣的價格，但價格顯然不是唯一的因素：如果民眾信心跌到谷底，貨幣更便宜不一定會有所幫助。

因此，在家計單位和企業都不願意借貸的時候，政府往往會增加自己的支出，以彌補部分損失。但政府不只是在困難時期花錢而已。事實上，政府有經常花很多錢的傾向——在我們一直關注的七〇年代後期，政府的支出趨勢發生了顯著變化。這讓我想起之前提到的，我說過，不會避而不談政府的財務情況，所以現在我們接著來談這個部分。

章節總結：

- 從一九七〇年代開始，許多經濟體的私人（非政府）債務量驟增，雖然大多數國家的私人債務於二〇一〇年左右達到高峰，但按照歷史情況來看仍然極高。
- 其中一個重要原因是借貸成本下降——從一九七〇年代的高點下降到二〇二〇年幾乎為零。
- 由於富裕家庭和貧窮家庭的借貸原因不同，借貸成本也不同，因此經濟體中的大量債務會加深不平等現象。
- 理論上，降低利率會導致更多借款。但心理是一個重要的影響因素：當民眾有信心時，即使借貸成本高昂，也會過度借款；而當民眾感到恐懼時，對任何價格的借款都會持保留態度。

參考資料：

1. https://researchbriefings.files.parliament.uk/documents/SN06152/SN06152.pdf
2. https://stats.bis.org/statx/srs/table/f4.1?p=20213
3. https://wolfstreet.com/2019/03/23/countries-with-most-monstrous-corporate-debt-pileup-u-s-wimps-out-in-25th-place-debt-to-gdp/
4. https://www.statista. com/chart/24023/corporate-debt-level-by-country/
5. https://tradingeconomics.com/united-kingdom/households-debt-to-gdp https://tradingeconomics.com/united-states/households-debt-to-gdp https://tradingeconomics.com/china/households-debt-to-gdp
6. https://www.bis.org/statistics/totcredit/credgov_doc.pdf
7. https://www.ons.gov.uk/peoplepopulationandcommunity/personalandhouseholdfinances/incomeandwealth/bulletins/householddebtingreatbritain/april2016tomarch2018
8. https://www.ons.gov.uk/peoplepopulationandcommunity/personalandhouseholdfinances/incomeandwealth/bulletins/householddebtingreat-britain/april2016tomarch2018
9. https://www.finder.com/uk/personal-loans-statistics
10. https://www.bis.org/statistics/totcredit.htm
11. https://wwwbankofengland.co.uk/boeapps/database/Bank-Rate.asp
12. https://www.ons.gov.uk/peoplepopulationandcommunity/personalandhouseholdfinances/incomeandwealth/bulletins/householddebtingreatbritain/april2016tomarch2018

第七章

以債建立的世界

當某件事起作用時，自然而然會更多人去做。正如我們在第四章中所看到的，英國歷史上第一次政府借貸發生在一六九四年，大約有一千兩百名私人個體借出一百二十萬英鎊，以資助政府正在進行的對抗法國戰爭。籌集這筆資金只花了幾天的時間，由於我現在不是用法文寫書，政府肯定以為這次借貸非常成功。他們後來是不是借得更多？當然，尤其是在拿破崙戰爭、廢除奴隸制、愛爾蘭馬鈴薯饑荒（Irish Potato Famine）和克里米亞戰爭（Crimean War）之後，借貸達到高峰。每次事情進展不順，用更多錢就能解決時，借款就變成答案。

三百多年後，政府欠債的總金額現在是兩兆四千億英鎊。[1] 聽起來是驚人的大數字——但當你與各大經濟體往來時，很多大數字都會牽涉其中，你很難知道如何理解它們。那麼，如此龐大的債務是否意味著英國隨時都有全球財產查封官員找上門的風險？為什麼政府要借這麼多錢，而不是透過徵稅來取得現金呢？政府到底需要這麼多錢做什麼？這些都是我們將在本章中回答的問題。

政府的支出有多少？

政府透過稅收籌集資金，然後以有益於公民的方式花費。其中一部分的稅收和支出經過重新分配：政府從那些錢較多的人身上取走一些錢，用來支持那些錢較少的人。另一部分的稅收沒有經過重新分配，收來的錢，是用在提供每個人都能受益、卻是不切實際的地方（例如國防）。

隨著時間推移，主要經濟體所扮演的政府角色越變越大：政府通常會參與學校教育、醫療保健、藝術、提供各種福利、支持慈善機構、興建住宅、對海外國家提供援助等等。政府還會提供資金給他們認為將來能提高生產力的重大計劃，比方說，升級改善道路和鐵道網。政府「應該」做這些事情嗎？還是只要做其中一些？還是應該做更多？這是政治觀點的問題，我們不需要辯論這個。重點是，即使在「正常」的情況下（經濟表現良好且沒有特殊危機的時候），政府也會參與許多需要花錢的活動。事實上，在二〇二一年，英國每花費十英鎊就有將近四．五英鎊是由政府支出的。[2]

當然，經濟也會有需要政府提供額外支援的時候。例如，當經濟陷入困境，人們失去工作時，政府可以介入，支付失業救濟金，救助陷入財務危機的公司，以及在新的公共工程項目投入資金，取代失去的工作崗位和投資。

民眾普遍認為政府只能花費已經徵收的稅金（無論是用於日常服務或是危機援助）。但實際上並非如此，因為政府也可以借錢。如果政府的支出計劃超過了他們能夠徵收的稅金（或政治上想要徵收的），政府可以先借錢，然後再從以後徵收的稅金中償還。

如果政府在一年內的支出超過稅收收入（而且透過借貸填補差額），這就是所謂的**赤字**（**deficit**）。相反地，到年底還有錢剩下的情況就是所謂的**盈餘**（**surplus**）。你可能會認為只要時間夠長，收入支出都會打平：在經濟不景氣的年分，政府的支出會超過收入（出現赤字），但在經濟景氣大好的年分，政府會保留盈餘填補財政赤字。然而，如圖表所示，事實並非如此……。

圖表十七顯示了英國政府歷年的支出情況。橫軸上方任何超過零的數字都表示政府

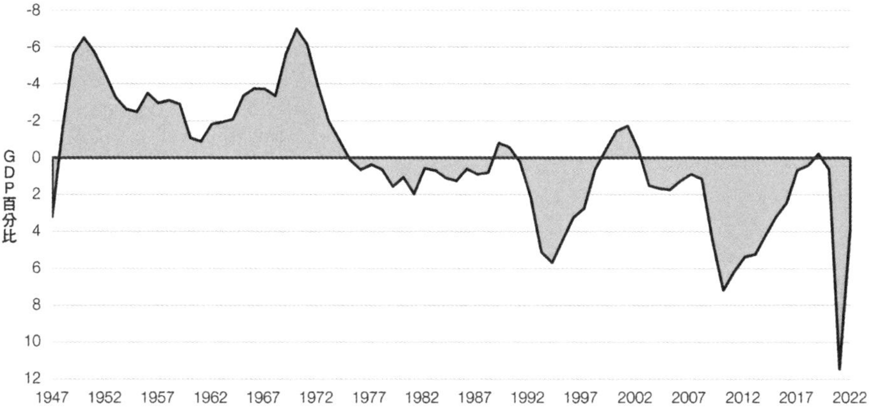

圖表十七：二戰後英國的公共支出赤字情況[3]

在該年的支出少於稅收（即有盈餘），低於零的數字則表示財政入不敷出（即有赤字）。

雖然圖表只從一九四七年開始，但我們知道，在此之前為了資助世界大戰，曾出現過相當大的赤字。然後，從一九四八年一直到一九七五年，政府透過支出少於稅收來保持盈餘。但從一九七五年起，情況發生了逆轉，政府幾乎年年出現赤字。實際上，在過去的四十五年間，英國政府僅六年未出現赤字。在美國，同一時期內僅四年未出現赤字，[4]而且差額都是透過借款來填補的。不只是英國和美國，大多數主要國家也有類似的情況。在我看來，這表明政府在金本位制結束後，對於平衡收支失去了興趣，貨幣因此失去了與任何「真實」物品的連結。

當你不斷借更多的錢又不償還時——也就是說，一年又一年的累積赤字——會發生什麼事？你最終將背負越來越龐大的債務，這就是為什麼英國政府目前負債兩兆四千億英鎊的原因。這個數字被稱為**國債**（national debt）。

為什麼政府的支出大於收入？

我們已經看到，即使過去四十五年間經濟絕對不是一直處於危機狀態，政府在大部分時間裡仍然處於赤字。這表示在「景氣好」的時候，政府也是入不敷出。你在管理自己財務時不會選擇每年借更多的錢，累積越來越多的債務。那麼，政府為什麼要這麼做呢？原因很多，以下四個是（我認為）最重要的：

已經形成常態

目前英國政府的支出約占GDP的四五%。[5]在一九〇〇年到一九二〇年間，該比率不到一〇%。在兩次世界大戰期間，該比率也不到二〇%。隨著時間推移，政府選擇介入我們生活的更多領域，因此需要支出更多的錢——而公民也投票支持政府這樣做（或者是說，公民沒有投票支持一個政策不同的政黨的選項）。

一旦開始，就很難停止

引進新的福利和公共服務在政治上很受歡迎，但想要取消卻是極其困難。與其減少服務來刪減支出，不如增加收入——稅收是增加政府收入的主要方法。但當然，這種方法也不太受選民歡迎。因此，今日的稅收總額（占GDP的比例）與一九七〇年代大致相同，但政府現在花費更多的錢提供更多的服務。[6]

在經濟可能放緩或下滑時，債務有助於創造GDP成長

從一九七〇年代中期到二〇〇〇年代初期，英國的人口成長率幾乎停滯不前，[7]且生產力成長率自一九九〇年代初期以來一直下降。[8]人口和生產力是GDP成長的驅動力，這不難理解：更多的人工作會帶來更多的產出。更有效的工作也會帶來更多的產出。所以更多的人更有效的工作就能生產得多更多。政治家們喜歡看到GDP增加——因此，當GDP無法從人口成長或生產力中獲得提振時，政府可以利用債務向經濟注入更多資金，刺激GDP成長的經濟活動。如果債務促使GDP成長到超過所借的金額，那麼額外的借款反而具有降低整體債務負擔的效果。

因為借貸是可行的

正如我們所見，自一九七〇年代後期以來，借貸成本穩定下降，因此，在支付相同

利息的情況下，借貸更多的錢是可行的。

提出這些原因不是想引起政治爭議，但無可辯駁的是，如果法律規定政府必須長期保持「收支平衡」，這個國家將會變得完全不同——至於國家會變得更好或更差就見仁見智了。在本章的後面，我們將探討這些借貸是否漸漸變成一個問題——而且如你所料，就像任何與政治有關的事情一樣，人們對於這個議題各有不同的意見。

政府向誰借錢？

政府喜歡出手大方花錢闊綽，而且他們已經大量徵稅，這表示他們還需要大量借貸。但政府怎麼做到的呢？答案很簡單：想借錢給政府的人大排長龍。像你這樣的個人、退休年金、銀行、外國政府……幾乎任何擁有資金的人都想透過借貸賺取一些回報，又不想承擔太大的風險。特別是美債，由於美元在世界貿易中的地位，全球的需求量龐大。例如，中國透過向美國出售大量商品賺取了鉅額美元。但出於種種原因，中國不想將所有賺取的美元兌換回自己的貨幣（人民幣），所以選擇用這些美元購買美債，因為美國債券被視為安全穩定的資產。因此，中國現在持有將近一兆美元的美債。[9]

為什麼會認為借錢給政府很安全呢？因為借錢給他人時，你的主要風險是借款者可能無法依約還款。但借錢給政府時，你知道政府可以強迫人民納稅，生出錢來還你——沒有的話，政府也可以直接創造額外的貨幣來給你（下一章將更詳細介紹）。這表示，借錢給政府（只要該政府控制自己的貨幣）比借給其他任何人更安全。雖然像英國或美國這樣的國家債券違約並非不可能，但人們認為可能性非常小。

由於貸款給政府的風險比其他任何類型的貸款還要低，所以政府需要支付的利率也較低。（每次提供風險較高的貸款時，放款方都會要求較高的利率，以補償可能無法全額償還的損失。）事實上，大多數政府的借貸成本都比其他實體單位或個人要低，所以那些只追求高報酬的投資者並不會動心，他們需要的是風險更大的貸款。但仍有許多投資者樂意賺取少量的報酬，只要他們幾乎可以確定能取回這筆錢。

為了借錢，政府的財政部門會發行一種叫做「債券」（bonds）的東西（在英國又稱為「金邊債券」〔gilts〕，兩者完全相同），並將債券出售給想要的人。債券是一種在未來某個日期償還一定金額資金的承諾，同時加上固定利率。例如，你可以從政府那裡購買「十年期，票面利率二％的債券」，這表示：

- 你會從你的存款中拿出一千英鎊交給政府。（也就是說，你會從政府那裡「購買」這張債券。）
- 政府每年將支付你一千英鎊的二％（二十英鎊），為期十年。
- 十年後，政府會把你原本投入的一千英鎊還給你。

身為債券買家，你放棄了現在花費一千英鎊的能力，來換取每年二十英鎊的收入來源加上未來歸還的本金。對於只想保障資金安全直到十年後退休的儲蓄者，購買債券可能是不錯的選擇，他們也樂於在這段期間獲取一些報酬。

身為債券賣家，政府開始「負債」，因為它承擔了未來的債務（需要支付利息，未來要歸還這筆錢），來換取今天可以花費的資金。

重要的是，當政府透過向個人或機構發行債券來借款時（或者當你從朋友或非銀行貸款單位那裡借錢時），資金是從一個地方轉移到另一個地方，並非創造出來的新資金。這種與個人或企業向商業銀行借貸的方式不同（第五章有既精彩又痛苦的詳細介紹），後者涉及無中生有創造全新貨幣。（令人不解的是，政府也可以用一種特殊的方式借款，這種方式確實涉及貨幣創造，但我們等到下一章再討論。）

政府債券的期限從幾個月到三十多年不等。一般來說，債券買家會要求更高的利率報酬，以換取將他們的資金被套牢更久的時間。

政府的借貸成本

我們現在知道，穩定、發達國家的政府所支付的利率總是比其他借款者低，因為其違約不還錢風險很低。我們也從第五章得知，政府（透過中央銀行）可以藉由制定基準利率來影響整體借貸成本。因此，如果基準利率降低，讓每個人的借貸成本都變便宜，政府也是受惠的一方。

因此，保持較低的基準利率符合政府利益。但是，政府不能為了自己的目的而不管其他情況，直接叫中央銀行設定一個較低的基準利率。別忘了，許多央行的任務是將通膨維持在一定水準，所以如果基準利率定得比「應有水準」還低，就有可能出現經濟體中借貸需求過高的風險，進而引發過度通膨。

然而，近年來，基準利率需要接近零才能刺激經濟——我們下一章再來探討其中的原因。這樣正合政府的意，因為這表示政府能夠以極低的成本借款。事實上，在二〇二〇年五月，英國政府史上第一次發行了負利率〇．〇〇三%的三年期公債。[10]（這不是說買家每年必須支付利息給政府；只是說債券到期時，買家回收的報酬略低於一開始投入的金額。）

聽起來很荒謬：為什麼人們會排隊借錢給政府，來換取一個他們回收的報酬將低於本金的承諾？（而且真的是排隊，因為認購人數是債券發行量的兩倍多。）

答案很複雜，並不像一開始聽起來那麼荒謬。至少技術上來說，即使利率為負，買家仍有可能將債券轉售以實現獲利。但簡單的回答是：嘿，還有其他選擇嗎？如果你是一個以確保資本安全為首要目標的退休年金，你並沒有太多選擇。舉例來說，把錢投入股市可能會獲得更高的報酬率，但同時也會面臨無法接受的高風險，資金可能暫時或永久虧損。

同樣值得注意的是，即使利率為正，在考量通貨膨脹因素後，放款方仍可能蒙受虧損。例如，假設債券利息為一%，但通膨率平均為二%，那麼債券持有人的購買力受損程度將超過他們獲得的現金報酬。然而，也有一些人對於這種安排感到滿意（或至少能夠容忍），因為他們認為，這樣至少可以保障他們的資金，免去了投入股市可能會有的短期損失。對政府來說，這也是一個相當不錯的安排：雖然每年支付利息，但政府所欠的「實際」金額卻正在大幅減少。

國債是個問題嗎？

減少國債是一項吃力不討好的工作。我們在近期歷史中見證了這一點：二〇〇九年至二〇一九年期間，英國政府實施了「十年緊縮政策」，試圖消除赤字——根本無法減少債務，只能阻止債務增加。緊縮政策包含採取大量極不受歡迎的刪減開支措施，[11]但據估計，政府總支出僅減少了三百二十億英鎊，聽起來好像很多，實際僅占總支出的一〇%。如果光是減少赤字已經這麼痛苦，想像一下，財政要產生盈餘才能開始償還國債，需要付出多大的努力。

因此，國債膨脹到二兆四千億英鎊也不令人意外了（如果你在本書出版一年多以後才讀到這邊，那麼上述的數字可能已經過時且偏低)。每次國債突破一個新的里程碑，媒體就會出現災難性的標題，聲稱國家即將瀕臨破產邊緣，政府債務的重擔即將壓垮我們所有人。這些頭條新聞是真的嗎？沒有人知道確切答案，所以我只能提供一個看法——我的個人主觀回答是堅定且明確的「有幾分真實性」。

首先，我們來談談為什麼國債可能沒有一些人所想的那麼嚴重。主要原因在於，債務沒有固定的償還期限：雖然聽起來很荒謬，但根本沒有理由必須清償。當然，個別債券到期需要償還，但債務總是可以「繼續滾動」，政府可以發行新的債券，再拿所得款項來償還原始買家。原則上，這種情況可能一直持續下去。政府有時確實會在不發行新債券的情況下償還債券持有人來「償付」債務，但這是一種選擇，而不是刻板的必要性。

第二個不必太擔心國債的原因是，從具體情況來看，國債其實不是多大筆的錢。沒錯，我講的是大約兩兆四千億英鎊的國債——就實際的英鎊數額而言，這是有史以來的最高紀錄。那這樣的說法怎麼可能正確呢？理由是，經濟體會隨著時間而成長，這表示

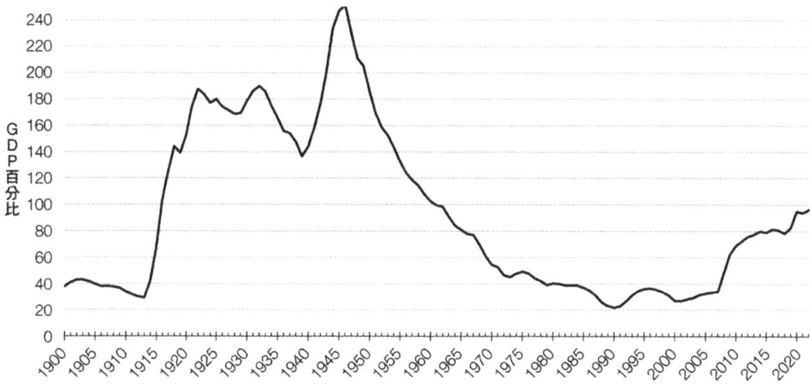

圖表十八：英國公共淨債務占GDP的百分比[13]

它可以承擔的債務越來越多（就像如果年收入從三萬英鎊變成十萬英鎊，那麼我們承擔一萬英鎊的債務會更加輕鬆）。這就是為什麼衡量政府債務占GDP的比例會比單純看表面數字（即「英鎊數額」）更有用的原因。而且，正如你會在圖表十八看到的，與GDP相比，目前英國政府的債務從歷史標準來看並不算太糟糕。

英國的國債目前約占GDP的九八%，遠不及歷史的最高紀錄。[12]你可以清楚看見兩次世界大戰的影響：戰爭爆發導致債務激增，但隨後債務占GDP的比例有所下降，一方面是因為經濟成長使得比例降低，另一方面是政府有實際償還債務。

過去的國債相對於GDP的比例一直偏高，這表示目前的債務水準沒什麼大不了的，對吧？然而，與「有史以來國債比例一直很高」論點相反的看法是，國債在**和平時**期從未達到如此高的程度。政府沒有處於備戰狀態，只是支付日常開銷的情況下，真的需要借這麼多錢嗎？（此外，在過去五十年的大部分時間裡，債務對GDP比率下降的另一個原因是**通貨膨脹**。出現通膨時，所有東西都變得更昂貴，即使沒有額外的產量，GDP也會增加。因此，如果債務保持不變，GDP因通膨成長，債務對GDP比率就會下降。這可能是任何書籍中最沉悶的伏筆，但到了第十章我們試圖預測未來時會變得非常重要。）

不久前，對兩兆四千億英鎊的債務感到樂觀的第三個原因是，這些債務的利息非常低。在二〇二〇年四月，英國政府以〇・三七五％的利率發售十年期公債。[14]利息不僅少得可以，而且低於通膨率——這表示政府最後給付給債券買家的資金價值可以低於原先的價值。

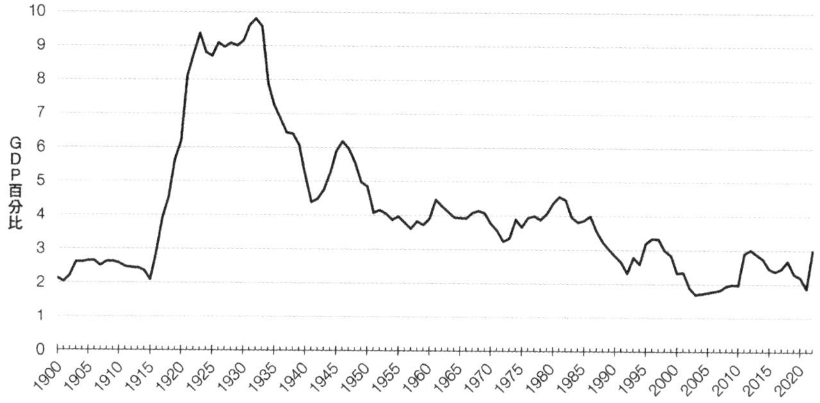

圖表十九：英國公共債務利息支付成本占GDP的百分比[15]

政府最後支付的利率很重要，因為國家償付能力的最大風險並不是債務的絕對數額，而是債務的償還成本。圖表十九顯示了目前的償還成本在歷史上的比較情況——同樣，以其占GDP的百分比來看。儘管債務數額一直不斷增加，但該圖表顯示政府每年必須支付的利息（占GDP的比例）卻一直下降。主要原因就是幾十年來利率持續減少。

顯然，英國過去的還款負擔大得更多。對比目前約占GDP三％的債務水準相對低。但當然，如果我們完全不用償還那會更好。國家債務的利息償還成本目前相當於我們在警察、司法體系和監獄方面的支出總和。[16]逾九〇%的政府收入來自於稅收，[17]因此，如果不需要支付過去借款的利息，政府就可以減少稅收，或將稅收轉用於能在當下產生效益的支出。

你也會注意到圖表十九最後出現了一個小小但突然上揚的曲線，這個只是一如既往的波動趨勢嗎？還是另一個更大趨勢的開端呢？

答案是什麼還不清楚，但很可能是後者。正如我們稍後將更詳細探討的那樣，政府借貸成本在二〇二二年期間開始突然大幅上升：二〇二二年九月，十年期公債的發行利率超過四%，[18]而幾年前還不到〇．五%。這表示，除非借貸成本的上升只是暫時的波動（但我們後來會發現，很可能不是曇花一現，否則政府今後將需要以更高的利率舉借新債，來償還先前以較低利率借來的舊債。在缺乏顯著的GDP成長來彌補的情況下，債務利息在GDP所占的比重將比現在更大。增加的債務利息將不得不吃掉更多的稅收收入——占用本來可以花費在其他地方的資金——或者需要提高稅收，這可能會影響經濟的成長。

隨著較便宜的債務在幾年後到期，這情況將逐漸成為一個問題。然而，到了二〇二二年，許多政府已經看見利息成本上升，因為某些特定貸款的利息與通貨膨脹率連動。英國尤其容易受到影響，因為有二五％的債務都是這種「指數連動」型（index-linked）的，[19]相比之下美國為八％，德國則不到五％。所以，在二〇二二年九月，英國政府的利息支出已經比二〇二一年九月增加了四九％，[20]況且現在都還沒到真正需要用高昂債務償還便宜債務的時候。

這就是自一九七〇年代以來，各國政府習慣性赤字的不利之處：在問題真正出現之前都不是個問題。大多數人直覺性認為，政府應該能夠隨著時間「平衡收支」。他們覺得很奇怪，即使在沒有特殊危機的正常年分，政府竟然也會支出高於收入。而幾十年來，許多主流經濟學都不認為這是個問題：只要透過經濟成長就能解決。現在這些赤字已經累積成龐大的債務，而還款額正在快速增加，問題突然間變得非常緊迫。

實際上，這就是我們在前一章消費性債務（consumer debt）中看過的，「借貸投資」（borrowing to invest）和「借貸維生」（borrowing to exist）之間的差異。如果你告訴我，你剛剛申貸了兩萬英鎊去購買房宅，因為你認為這棟房子會增值，那我會替你感到高興。但如果你告訴我，你剛剛申貸了兩萬英鎊來償還以前的債務，並維持來年的溫飽，那我會為你感到擔心。同樣的，如果某一年政府借款兩百三十億英鎊，用來升級全國的寬頻網路，打算在未來十年內實現超過兩百三十億英鎊的生產力收益，無論你可能同意或不同意這個計劃，但至少你能理解其中的邏輯。如果政府借款兩百三十億英鎊只是用來支付國家所需的日常服務費用，且明年還需要再借另外的兩百三十億英鎊來維持基本營運，那就更令人擔憂了。而這正是當前發生的事：兩百三十億英鎊是英國政府在截至二〇一九年三月的一年內新增的債務（我之所以選擇這段時期，是因為在這之前尚未出現與新冠疫情相關的借款），[21]其中大部分債務不是用來投資於提升生產力的新基礎設施，只是為了保持財政運轉。

推向極限

本章說明了政府是如何大量借款的。從前一章我們了解到，個人和企業也是借貸量很大的借款者。而且我們也看到，在過去的四十年，這兩種類型的借貸都大幅增加。綜合我們迄今為止所學的一切，我們逐漸理解了自一九七〇年代以來所置身的新金融世界。

過去有一段時間，這個以低利率且穩定的通膨率，和不斷增加但看似可持續的借貸為特徵的金融世界，似乎可以永遠運轉下去。然而，兩起前所未有的經濟事件，卻將我們的金融體系推向了極限，甚至可能超越了極限。

兩起事件中的第一件於二〇〇七年開始在全球經濟的表面下騷動，然後於二〇〇八年九月爆發出來：同月，一家極具聲望的美國大銀行宣布，噢，真的沒有錢繼續經營下去了。很快，人們發現，全球各地的銀行都在從事他們無法持續的金融工程：這種金融工程從美國的郊區開始，很快起了漣漪效應擴散到全世界。

章節總結：

- 政府借款來為他們推動的許多活動籌集資金——若不是因為他們無法從稅收中籌集到足夠的資金，就是因為他們不想增加稅收。
- 自一九七〇年代以來，大多數主要國家政府的支出經常超過稅收。英國自一九七五年以來只有六年例外，而美國只有四年例外。
- 這導致許多國家的國債比以往任何時候還高。但是，從歷史標準來看，這些債務的利息支付成本相對較低，因為利率一直很低。
- 當政府借貸成本上升時，利息支付就會增加，累積的債務可能成為一個嚴重的問題。

參考資料：

1. https://www.ons.gov.uk/economy/governmentpublicsectorandtaxes/publicspending/bulletins/ukgovernmentdebtanddeficitforeurostatmaast/june2022#government-debt
2. https://www.ukpublicspending.co.uk/uk_national_spending_analysis
3. https://www.ukpublicspending.co.uk/spending_chart_1947_2020UKp_17c1li011lcn_H0t_UK_Deficit_Since_World_War_II
4. https://fred.stlouisfed.org/series/FYFSD
5. https://www.ukpublicspending.co.uk/uk_national_spending_analysis
6. https://www.ukpublicrevenue.co.uk/revenue_history
7. https://data.worldbank.org/indicator/SP.POP.GROW?locations=GB
8. https://www.ons.gov.uk/employmentandlabourmarket/peopleinwork/labourproductivity/timeseries/lzvd/prdy
9. https://www. npr.org/2022/08/23/1119126863/chinas-slice-of-the-us-debt-pie
10. https://www.ft.com/content/3d576f71-6833-4a55-8b8c- f4abf b0ca172
11. https://www.theguardian.com/business/2019/sep/05/has-the-age-of-austerity-really-come-to-an-end-sajid-javid
12. https://www.ons.gov.uk/economy/governmentpublicsectorandtaxes/publicsectorfinance/bulletins/publicsectorfinances/september2022

13. https://obr.uk/public-finances-databank-2021–22/
14. https://www.dmo.gov. uk/data/pdfdatareport?reportCode=D2.1E
15. https://www.ukpublicspending.co.uk/spending_chart_1900_2020UKp_17c1li011tcn_90t
16. https://www.ukpublicspending.co.uk/ uk_year2022_0.html
17. https://www.ukpublicrevenue.co.uk/year_revenue_2022UKbn_17bc1n_F0506063#ukgs302
18. https://www.dmo.gov. uk/data/pdfdatareport?reportCode=D5D
19. https://www.ft.com/con tent/aed8ab8d-70dc-4554-897c-a87fd2d6821e
20. https://www.ons.gov.uk/economy/governmentpublicsectorandtaxes/publicsectorfinance/bulletins/publicsectorfinances/september 2022#borrowing-in-september-2022
21. https://www.ukpublicspending.co.uk/spending_chart_2010_2019UKb_21s1li111mcn_G0t

第八章
創造更多錢的戰爭

大家都知道這句話：「驕兵必敗」。

所以，在二〇〇四年，當中央銀行家們開始宣稱我們正處於一個「大穩健」時代——他們的聰明才智讓經濟擺脫了破壞性的繁榮和蕭條循環——時，他們顯然是在自找麻煩。

四年後，麻煩如期而至，金融危機爆發，中央銀行面臨著全新的挑戰：在一九七〇年代和一九八〇年代初期，外界一直期待中央銀行能夠抵制危險的高通膨，但現在央行發現自己正在對抗的是**通縮**。

本章我們將回顧二〇〇八年的金融危機，並理解為什麼會出現這麼嚴重的通貨緊縮事件。然後，我們將了解中央銀行為對抗通縮而發明的一種新（而且非常奇特的）工具，並找出為什麼這個工具沒有預期般有效的原因。事實上，十多年後，通貨緊縮仍然是一種威脅。世界經濟到底發生了什麼事？

二〇〇八年發生了什麼事？

二〇〇八年以前，大多數富裕國家都享受了典型的經濟繁榮時期。雖然利率沒有特別低，但消費者仍然熱衷於借款，銀行也樂於貸款——其中包括瘋狂至極的抵押貸款，民眾可以借到比他們購房所有成本還多的錢。如同字面意義上的泡沫，處於這種狀態的經濟只要輕輕一戳就會爆破——而在二〇〇八年，美國次級抵押貸款市場突然崩盤，戳破了這個泡沫：原來「次級」（subprime）一詞，其實是機靈的銀行家們對於「那些毫無還款希望的人」的委婉說法。

這次金融危機的背後推手並不是屋主的貪婪，而是「金融創新」（financial innovation）。銀行發現，將大量個別抵押貸款綑綁起來，然後透過數學的巧妙計算，聲稱整體打包後的風險「更低」，然後將其賣給其他機構，這種做法會帶來極高的利潤。而當銀行沒有抵押貸款可以綑綁出售時，便開始向那些真的無力償還的人發放新的抵押貸款。後來，這些借款者開始拖欠款項並集體歸還房屋鑰匙，銀行和其他金融機構不得不核銷大批的壞帳，導致許多銀行瀕臨崩潰，甚至破產。

結果，錢突然間以驚人的規模消失了：

- 那些違約的貸款被註銷，其影響是貨幣完全消失（與貸款發放時的貨幣創造過程正好相反）。
- 由於銀行才剛註銷大批現有貸款，不願意再發放貸款，所以並未創造新的貨幣。
- 即使銀行願意發放貸款，企業和個人也沒有心情承接新的債務，因為他們周圍的世界似乎正在崩潰。

因此，原本應該透過新貸款創造出來的新貨幣，並沒有出現。帶來的結果就是通貨緊縮。如果貨幣的供給不足以支撐經濟中所有商品和服務的交易，那麼物價就會下跌。這可不是個好消息。正如我們先前看到的，如果民眾認為價格會持續下跌，他們可能延後消費。如果他們延遲消費，需求下降可能會導致更多的公司倒閉，進而形成惡性循環。

有一派看法認為，由於這場危機是因為每個人變得過於興奮、借貸過多和過度消費所導致，解決辦法應該是讓一切順其自然發生：銀行破產就破產，企業倒閉就倒閉，民生痛苦就痛苦。這樣一點都不好玩，但一切都結束後，經濟就能在更穩固的基礎上重建。當然，政府不太願意選擇「立刻感受痛苦」，因為如果人民對自己的經濟狀況感到不滿，執政當局可能會在下次選舉中被踢出局。而且從比較不帶懷疑的角度來看，你也可以說人民已經感受到足夠的痛苦：即使政府採取了前所未有的應對措施，英國的失業率仍從五％飆升至近八．五％，[1]GDP連續下降一年多。[2]如果本來可以生存的企業，因混亂局面和缺乏適當干預而倒閉，這將使經濟重建變得更加困難，最後政府可能需要提供更多的協助，時間拖得更長。

面對這場愈演愈烈的災難，世界各國央行所採取的行動，與「立刻感受痛苦，撐過去」的策略恰恰相反。他們拿出金融界的重磅武器——事實上，是比以前使用過更大的武器。

大多數中央銀行都迅速降低利率，英國在不到一年的時間內，利率從五．五％降至〇・五％，[3]美國和歐元區也採取類似措施。這些措施阻止了許多人和企業違約（雖然仍有許多人拖欠貸款），因為大幅減少了他們的利息支付。通常，你也會期望這將增加對新貸款的需求，因為錢變得更便宜了。這樣確實在一定程度上增加了需求。但很明顯，這不太可能刺激借貸。人民對未來的經濟感到擔憂時，很難說服他們借款，也難以說服銀行（不論價格如何）放貸。

某些國家實施這種激進的削減利率措施，足以穩定經濟，但在美國和英國（這兩國的家計債務和企業債務水準都偏高，並且與引起這場混亂的金融部門關係密切），削減利率似乎還不夠。不過，他們還能做什麼呢？將利率降至零以下並不是可行的選項，所以他們常用武器的火力基本上已經耗盡。因此，他們提出了另一個辦法，從未在日本以外嘗試過。他們稱之為「量化寬鬆」（quantitative easing）政策，簡稱QE。

「量化」（quantitative）是指某物的數量（在這裡是指貨幣），而「寬鬆」（easing）則是指「更多」的意思。是的，量化寬鬆即經濟學家所說的「創造貨幣」。在二〇〇八年之後的幾年裡，QE成為中央銀行避免通貨緊縮和實現通膨目標的新解決方案。但

ＱＥ政策究竟是如何操作的呢？

量化寬鬆的奇怪世界

推出量化寬鬆政策意味著許多中央銀行的角色出現根本上的轉變。就像我們在第五章看到的那樣，中央銀行通常不會直接參與貨幣創造過程：他們的目標是透過設定貸款和借款的價格（基準利率）來影響商業銀行的貨幣創造。這表示在以往經濟衰退或動盪期間，只要中央銀行認為有必要，就會降低基準利率，以鼓勵貸款，因而刺激貨幣創造。

但當這些中央銀行在二〇〇八年金融危機後轉向量化寬鬆時，表示他們在貨幣創造領域變得親力親為，更加積極參與。光是二〇〇八年，美國就創造了六千億美元。[4]隨後英國也在幾個月後創造了兩千億英鎊。[5]歐洲中央銀行（**European Central Bank**）加入ＱＥ派對的時間較晚，[6]二〇一五年才加入，當時還採取罕見的負利率措施，日本則是於二〇一〇年重返QE賽場。[7]不過，現在我們繼續關注美國和英國。

量化寬鬆是一個極其簡單的過程。實際的貨幣創造很簡單：我們已經看到，中央銀行可以直接輸入新的貨幣。如果中央銀行想在自己的銀行餘額後面加上幾個零，也是辦得到的。唯一的問題是如何讓這些錢流通到市面上。中央銀行的解決方案是，使用新鮮出爐的貨幣購買債券和其他金融資產。這些資產各式各樣：在美國，這些資產包含「不動產抵押貸款證券」（mortgage-backed securities），在英國，則是包含少量由企業發行的債券。但整體而言，中央銀行購買的資產往往是政府債券。由於從大局來看，實際資產並不重要，所以我從現在開始只談政府債券。

量化寬鬆過程有一個關鍵部分，即中央銀行不會直接從政府手中購買新債券，而是從已經持有這些債券的機構手中買走「二手」的。所以，基本過程是這樣：

1. 中央銀行（無中生有）創造一些新的貨幣。
2. 央行用這些錢向擁有政府債券的銀行、保險公司或退休年金購買政府債券。

3.於是，新創造的貨幣現在落到出售債券的機構手中，而央行現在擁有債券。

政府需要像支付給原始債券持有人一樣，支付利息給中央銀行，但實際上只是政府不同部門之間轉移資金，所以並不會真的影響任何事情。因此，起初看起來像是進行了一個奇怪又略顯無意義的交換：以現金換取債券。但關鍵在於，現金只是為了進行這種交換才產生的。原先只有一張債券，而現在除了一張債券，又多了一些現金。這就是「量化」的部分：經濟中的貨幣數量因此增加了。

那麼這一切的目的是什麼呢？因為量化寬鬆是一個全新的東西，關於它應該如何操作，經濟學家和銀行家們無法達成共識，他們只是相信QE政策會起作用。班・柏南克（Ben Bernanke）是當時執行量化寬鬆的美國聯邦準備理事會主席，他甚至在二〇一二年表示，「量化寬鬆的問題在於實踐上會起作用，但理論上行不通。」[8]

然而，我們可以從英格蘭銀行於二〇〇九年所發表的一篇報告中得到幫助，[9]深入了解英格蘭銀行打算如何讓QE政策發揮作用。

量化寬鬆應該如何發揮作用？

根據英格蘭銀行的說法，QE政策旨在透過四個相關但獨立的效果，來刺激消費支出（從而刺激消費者物價通膨）。

效果一
透過提高債券價格來增加支出

QE機制改變了政府債券的供需平衡：債券的數量與以前相同，但在市場上出現了一個重要的新買家（英格蘭銀行）。就像在任何市場上一樣，當需求增加而供給保持不變時，可想而知價格會上漲。

這種情況可能令人困惑，由於債券發行時具有其票面價值，但將來可以在次級市場上以高於或低於該面值的價格進行交易。所以，一張債券的發行價格可能是一百英鎊，但如果人們日後**真的**想購買這些債券，其價格可能會上漲到一百一十英鎊（或其他任何金額）。

這表示已經持有債券的任何人都會突然變得更富有，且英格蘭銀行認為這樣會使他們更有可能外出消費，促進經濟發展。

另外，增加對債券的需求也降低了政府的借貸成本。債券的價格上漲時，你持有時所獲得的固定債券收益，相對於債券的市場價值而言變得較低。例如，假設政府發行了一百英鎊的債券，每年支付五英鎊（五％）的固定利息。如果對債券的需求增加，表示現在有人會以一百一十英鎊購買該債券，那麼同樣的五英鎊現在對買家來說代表的是四．五％的利息。

因此，政府現在可以發行新的一百英鎊債券，年息四．五〇英鎊（而不是之前的五％）。如果有人去次級市場尋找更好的交易，他們也找不到——因此政府債券的四．五％利息成為新常態。對政府來說，這是個好消息：其借貸成本下降了。

還有一個進一步的影響。即使英格蘭銀行主要購買的是政府發行的債券，但所有貸款都是根據政府債券定價的。這是因為在所有穩定的主權國家中，政府都是風險最小的借款者，因此借錢給政府的利率為該國所有類型的貸款設定了「底線」。從理論上講，如果政府借款變得更便宜，那麼企業和家計單位的借款成本也應該變得更便宜。這種更便宜的借款應該能夠促使消費者借貸進行消費，並鼓勵企業借貸進行投資。

噢，解釋這麼多，這還只是第一個效果而已。

效果二

透過提高其他資產價格（例如房地產和股市）來增加支出

到目前為止我們所討論的一切都非常巧妙，但並未解決人民因缺乏信心而導致任何價格都不願意借款的問題。這就是其他預期效果發揮作用的地方。

就像對借款利率的影響一樣，政府債券的價格也影響所有其他資產的價格。因此，如果債券變得更昂貴，應該會推高所有其他資產的價格，如房地產和股票。

如果這些資產的價值增加，就會使資產持有人感覺更富有，因而更有可能花更多錢在商品和服務上面。我們將在下一章進一步探討QE機制中的這個特定部分，因為它已經產生了重要且持久的影響。

效果三
增加銀行的放貸能力和意願

這是透過一個與銀行在中央銀行儲蓄帳戶餘額相關的高度複雜機制來實現的。我們暫且不去深入探討這個機制的運作細節，因為非常難以理解，而且也不是很重要。反而，我們只需要注意一些相當明顯的事實：當銀行提供更多貸款時，消費者就能借到更多錢，也能因此消費更多。

效果四
讓人民相信英格蘭銀行仍然致力於實現二%的通膨目標

英格蘭銀行需要向社會大眾保證，通膨將透過任何必要手段產生（在英格蘭銀行的報告中使用了「採取一切必要手段」〔whatever it takes〕這樣的說法）[10]，所以民眾無須擔憂通貨緊縮。正如我們之前討論過的，通貨緊縮被認為會讓人們延遲消費，因為大家都預期晚點買可以省錢。所以英格蘭銀行先告訴民眾，未來通膨率將保持在二%，設定好期望值，預期每個人對增加消費充滿信心。

量化寬鬆有效嗎？

那些聰明的中央銀行家證明了他們的豐厚薪酬是領的心安理得（既然你問了，來，

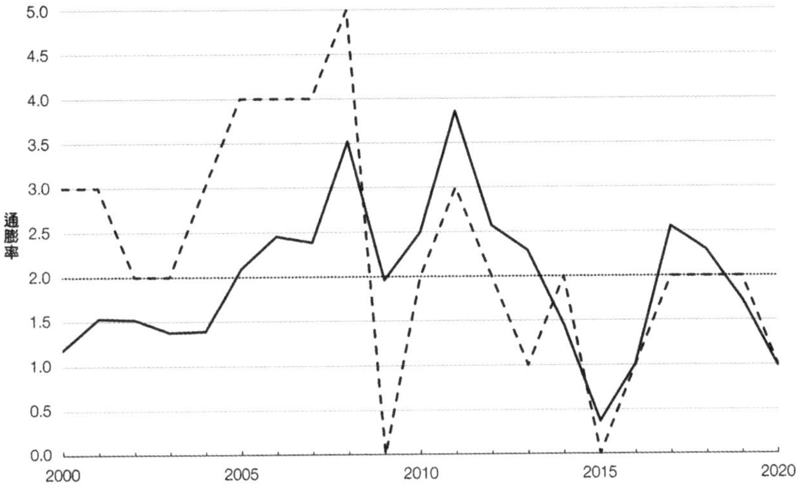

圖表二十：英國（實線）和美國（虛線）的通膨率，橫軸以點線表示二%的通膨目標。[13]

英格蘭銀行總裁年薪是五十七萬五千五百三十八英鎊，[11]美國聯邦準備理事會主席年薪僅二十萬三千五百美元）[12]。如圖表二十所示，這些措施確實奏效：英國沒有出現通貨緊縮，美國通膨率也僅短暫跌到零以下，而英美兩國的GDP都只下跌一年。這樣很幸運，因為如果我花了那麼多篇幅解釋，措施卻毫無成效，那就會讓人有點沮喪。

這個成功有多少要歸功於QE政策，而不是同時進行的降息措施……或者只是好運？這是無法確定的，因為你不可能操作一個經濟體，其中除了沒有實施QE政策外，其他一切都完全相同。事實上，柏南克後來在他的回憶錄中寫道：「我們無法確切知道美國經濟復甦有多少要歸功於貨幣政策，因為我們只能推測，如果美國聯準會沒有採取任何措施的話，可能會發生什麼情況。」

然而，英格蘭銀行後來確實試圖以數量表示QE政策的影響。它關注QE政策對GDP的影響而不是對通貨膨脹的影響，並得出結論，二〇〇九年至二〇一二年間創造的新貨幣三千七百五十億英鎊（因為二〇〇九年創造了兩千億英鎊，後來二〇一二年又創造了一千七百五十億英鎊），帶動GDP成長了一．五%至二%。[14]如果計算一下，這表示它產生了兩百三十億至兩百八十億英鎊的額外消費支出。

換句話說，三千七百五十億英鎊從金融體系上層注入，而（最多）兩百八十億英鎊以額外支出的形式從金融體系底層流出，否則這些消費本來不會發生的。其餘的資金滯留在金融體系中，從未進入商品和服務的「實體經濟」。現在我們看到，對消費支出的預期影響是在一個漫長而複雜的理論事件鏈的最後部分，這並不完全令人意外。如果銀行選擇了一種不那麼複雜的方法——比如把錢交給政府來創造就業崗位，或者把錢交給銀行，要求他們提供條件優渥的低息貸款，或甚至給每個人發放一張支票——那麼你可能會期待有更多的新資金實際用於支出。

為什麼沒有這樣做呢？我們只能猜測，因為我找不到任何關於為什麼排除其他方法或未加以考慮的解釋。雖然聽起來有點奇怪，但我懷疑某部分原因是所選的QE機制不太透明且難以掌握。無中生有創造現金然後發給個人的做法，會太過明顯而顯得奇怪，但是我們稍後將看到，到了二〇二〇年，美國政府實際上也採取這種做法。

我們稍早看到，提振資產價格是QE機制的核心部分：透過讓人們對其資產價值感覺更好，理論上他們會外出消費更多。他們真的外出消費更多了嗎？在某種程度上，可能是這樣沒錯。但他們的資產價值毫無疑問地大幅增加：根據英格蘭銀行的估算，QE政策將股票和債券價格提高了二〇%。[15]

重要的是，這種對資產價格的影響在測量通貨膨脹時並不會顯現出來，因為資產價格並未納入消費者物價指數的「一籃子商品」。但只因為你在消費者物價指數的統計數字中看不到，並不代表它不會影響人們：QE對資產價格的副作用對於我們今天的處境產生了巨大影響，我們將在下一章深入探討這一點。

最脆弱的經濟復甦

任何經濟衝擊都不會永遠持續下去：危機終將會過去，信心終將會回歸。當這種情況發生時，應該有可能（也有必要）取消當初實施的刺激措施。根據歷史和經濟理論，情況本來應該是這樣：

1. 為了防止危機發生時的經濟衰退風險，二〇〇八年，中央銀行降低利率（並採行QE政策）。
2. 信心回歸，經濟開始復甦。

3. QE政策結束，利率逐步上升。

簡單吧，只是，情況完全沒有這樣發展。如圖表二十一所示，從二〇一四年（金融危機爆發後整整六年）到二〇二〇年，美國和英國的通膨率低於二%的時候比高於二%的時候更長。

同一時期，兩國的GDP成長從未恢復到金融危機前的趨勢。儘管採行更多的QE政策：繼二〇〇八年最早的二千億英鎊和二〇一二年額外的一千七百五十億英鎊之後，英格蘭銀行於二〇一六年又投入額外的七百億英鎊。如果你正在計算，我們創造出高達四千四百五十億英鎊的新資金，並注入金融機構。在美國，截至二〇一四年資產購買停止時，總金額已達到四兆五千億美元。[16]

超低利率原本應該足以讓經濟再度全速運轉，但事與願違。QE政策原本應該是一次性的激勵措施，能確保經濟回到正軌，但事實並未如此——甚至後來漸漸變成一種習慣，而非一次性的危機應對措施。即使你認為QE政策只是煙霧彈，對消費支出的

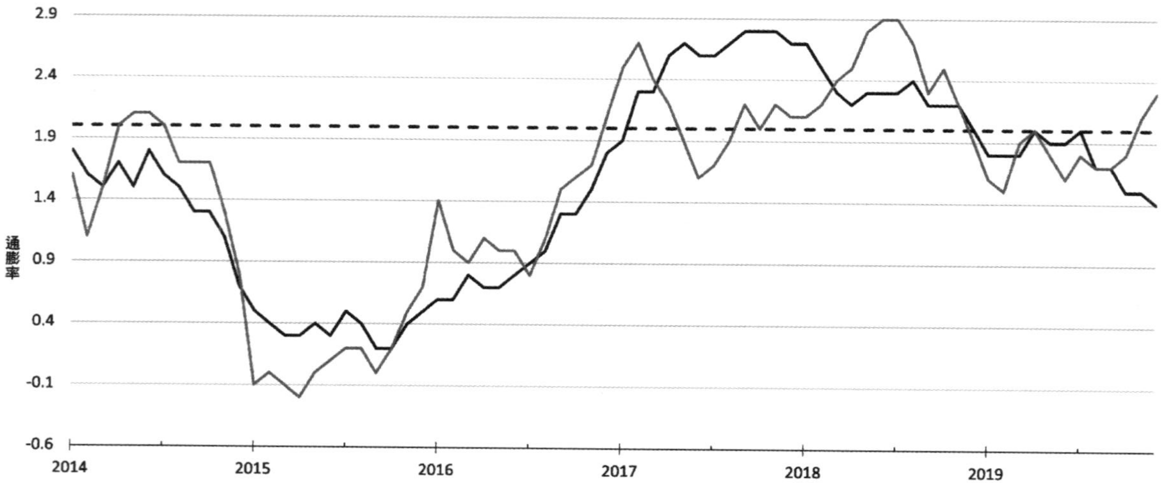

圖表二十一：英國（黑線）和美國（灰線）消費者物價指數的通膨率[17]

影響微乎其微，你仍然會對經濟復甦抱持更多的期待。在金融危機導致基準利率降低後的十年間，英國從未上調過基準利率，這在歷史上是前所未有的。美國的情況稍好一些，到二〇一九年成功將利率拉回至將近二．五%，但當金融市場出現疲弱跡象時，美國又需要將利率降到一．五%左右。

對於英國經濟在二〇〇九年至二〇二〇年期間的經濟復甦為何如此疲弱，似乎沒有人能夠給出完整的解釋，但這並不是好消息：如果經濟過了那麼久的時間，仍處於「緊急措施」狀態，似乎是明顯的信號，表示有些事情不對勁，即使你無法確切指出是什麼。這也是一個危險的情況：如果你已經將利率降到最低，並且經常創造貨幣，那下次危機來臨時，你還有什麼選擇？因為無可避免，危機總是會來臨。

危機確實來了。而且危機發生時，幾乎沒有人料到會以什麼形式出現……。

章節總結：

- 二〇〇八年金融危機爆發時，世界各地的中央銀行紛紛降低利率，以防止經濟衰退、失業和通貨緊縮。然而在美國和英國，光是降低利率還不夠，所以推出了量化寬鬆政策，基本上就是創造貨幣。
- 因為用來將新創造的貨幣流入經濟的機制，使QE政策對消費性通膨的影響有限。但它確實影響了資產價格，我們將在下一章探討這個問題。
- 我們預期經濟會在危機後復甦，從而允許利率上升，但只有部分實現。各國中央銀行花了十多年的時間努力防止物價下跌。
- 由於政策到下一次危機來臨時尚未「恢復正常」，可操作的空間有限，所以中央銀行需要採取更加極端的行動……

參考資料：

1. https://www.macrotrends.net/countries/GBR/united-kingdom/unemployment-rate
2. https://tradingeconomics. com/united-kingdom/gdp
3. https://tradingeconomics.com/united-kingdom/interest-rate
4. https://www.thebalancemoney.com/what-is-qe1-3305530
5. https://www.bankofengland.co.uk/monetary-policy/quantitative-easing'
6. TheECBjoinedthe QE partylate':https://www.ecb.europa.eu/mopo/implement/app/html/index.en.html
7. https://www.bis.org/publ/bppdf/bispap66g.pdf
8. https://www.philadelphiafed.org/the-economy/monetary-policy/did-quantitative-easing-work
9. https://www.bankofengland.co.uk/-/media/boe/files/quarterly-bulletin/2009/quantitative-easing.pdf?la=en&hash=0A59C421AC345729A53E1D976D00 64E046884369
10. https://www.bankofengland.co.uk/-/media/boe/files/quarterly-bulletin/2009/quantitative-easing.pdf?la=en&hash=0A59C421AC345729A53E1D976D0064E046884369
11. https://www.lbc.co.uk/news/bank-of-england-andrew-bailey-500k-salary/
12. https://www.forbes.com/sites/adamandrzejewski/2021/10/26/why-so-secret-the-federal-reserve-hides-nearly-all-23000-employee-salaries/
13. https://www.bankofengland.co.uk/boeapps/database/fromshowcolumns.asp?Travel=NIxSTxTAxSUx&FromSeries=1&ToSeries=50&DAT=RNG&FD=1&FM=Jan&FY=1963&TD=31&TM=Dec&TY=2021

&FNY=&CSVF=TT&html.x=102&html.y=25&C=1EQ&Filter=Nandhttps://fred. stlouisfed.org/series/FPCPITOTLZGGBR

14. https://positivemoney.org/how-money-works/advanced/how-quantitative-easing-works/
15. https://positivemoney.org/how-money-works/advanced/how-quantitative-easing-works/
16. https://www.cnbc.com/2017/11/24/the-fed-launched-qe-nine-years-ago–these-four-charts-show-its-impact.html
17. https://www.ons.gov.uk/economy/inflationandpriceindices/timeseries/l55o/mm23andhttps://www.usinflationcalculator.com/inflation/historical-inflation-rates

第九章

對錢上癮

二〇二〇年對於乾洗店來說是夢魘的一年，但對於有口腔問題的人來說卻是福音，對於像我這樣對經濟學感興趣的怪人來說，則是相當有趣的一年。當然，二〇〇八年因為其規模之大而相當混亂，但基本上還是一次標準的經濟衰退。然而，從二〇二〇年開始的新冠疫情完全不同，它引發了前所未有的政策回應，而這些政策的長期影響甚至到現在仍然不太清楚。

在本章，我們將看到二〇二〇年代表了發達國家沉溺於貨幣的一個全新階段——需要更極端的方法來支持全球的主要經濟體。然後，我們將退一步，看看由於這些政策而累積起來令人討厭（且可能不易被察覺）的後果。

最糟糕的危機

面對新冠肺炎的威脅，包括英國在內的大多數國家都要求國民待在家中，這相當於強制性關閉了大部分的經濟活動。就危機而言，這是一場相當糟糕的危機。政府似乎不能再推出別的政策來恢復經濟信心，讓每個人重新消費和再次創造就業機會：畢竟一開始是他們自己的封鎖政策導致一切的停頓。那麼，他們能做些什麼，來減少和縮短無可避免的經濟崩潰呢？

首先是傳統的刺激措施：降低利率。在美國，聯邦基金目標利率從一．五％至一．七五％的範圍降至〇％至〇．二五％。在英國，基準利率不久前才上調到〇．七五％（在此之前，近十年來一直固定在〇．五％或更低），但現在英格蘭銀行又一路下調至〇．一％。在歐洲……嗯，歐洲中央銀行（負責整個歐元區）自二〇一六年以來一直維持〇％的利率，所以已經沒有更多下降的空間。

顯然所有相關人員都明白，這些傳統措施不會有太大作用：在全面封鎖和健康恐慌的情況下，人們不太可能因為利率稍微降低一點而突然想要借錢。需要更多、非常多的措施。

在全球各地，除了支援公共衛生應對，大多數政策都專注於向無法工作的人提供資金。顯然，從人道角度來看，這是必要的：如果政府要求人民停止工作，就需要為他們提供其他的生存方式。但對於金融體系的生存，這也是一項重要干預措施，否則人民將無法償還抵押貸款，經濟活動將陷入停滯。

在英國，這種干預措施的形式為無薪假補貼制度（furlough scheme），政府承諾支付員工八十%的工資，以防止雇主裁員。政府的貢獻比例隨著時間逐漸減少，但在高峰時期每月花費一百四十億英鎊，[1]到該措施結束時已累計達六百九十億英鎊。[2]雖然花費不小，但效果顯著：英國失業率最高到四．五三%，[3]較疫情前僅增加不到一%。

美國採取了不同的方法：允許人民在企業自然裁員時失業，因此失業率在二〇二〇年從三．六七%上升至八．〇五%。[4]然而，美國也提高了每週的失業救濟金額度——起初是增加六百美元，然後再增加三百美元——並擴大了失業救濟金的領取資格。從疫情爆發開始到二〇二一年七月，總共花費了六千七百八十億美元用於額外的失業救助。[5]甚至更不尋常的是，美國聯邦政府還直接發放款項——估計有九成的納稅人都有領到支票，[6]只有收入非常高的人排除在外。在三輪不同的補助措施中，每人總計可獲得高達三千兩百美元。總成本：八千一百七十億美元。綜合考量所有的防疫支援措施，美國的總花費約達五兆美元[7]——相比之下，英國估計的三千七百億英鎊顯得微不足道。[8]

上述只是兩個例子，但大多數發達國家的模式都是相同的：在短時間內突然需要提供大量的財政支援，卻沒有哪個國家事先做好預算考量。就像戰爭爆發一樣，新冠疫情的出現顯然也是個「先花錢，後徵稅（如果有的話）」的情況。

但正如我們先前瞭解到的，政府無法徵稅時就會借款。這將我們帶回到你可能希望我們已經擺脫的事情。

量化寬鬆的意外回歸

我們已經瞭解到，人們總是排隊借錢給主權國家政府。即使利率極低，大家仍認為他們是唯一的安全債務人。但現在，各個政府突然需要借貸的款項比預期多更多，於是政府面臨到一個重要問題：市場會對這麼多的新債券有需求嗎？而且利率還是以政府認為合適的利率？以英國為例，因為疫情所需的支援措施，政府的借款金額幾乎是原本計劃借款的將近兩倍。[9]

由於無法保證公開市場上會有足夠的債券需求，量化寬鬆重新回歸舞台——許多在二〇〇八年金融危機時，認為沒有必要納入政策應對的一部分的中央銀行，也紛紛採用QE政策。上一輪量化寬鬆站在場外的澳洲、紐西蘭和加拿大，都加入了這個行列。同時，歐元區和日本加快了他們早已開始的行動步伐，許多其他國家也首次嘗試。量化寬鬆已經全球化——但這次的目標和機制都略有不同。

（希望）你可能還記得第八章講解過二〇〇八年金融危機後量化寬鬆的運作方式：中央銀行創造新的貨幣，並用這些資金來購買已由銀行和其他機構持有的政府債券（和其他金融資產）。簡言之，其目的是透過提高資產價格來刺激經濟復甦，進而使企業和個人借款更便宜、更容易，最終增加經濟中的消費。

在二〇二〇年，目標有所不同：**現在就需要這筆錢**，然後可以直接以無薪假補貼、紓困支票、失業救濟等方式發放。如何實現這個目標呢？讓中央銀行創造新的貨幣，將其交給政府，並收取政府發行的債券作為交換。

這是最簡單的解釋，但由於法律、歷史、會計慣例等原因，實際機制更為複雜，也讓那些試圖向大眾解釋經濟學概念的作者們感到棘手。

雖然各地的機制基本相同，但這裡以英格蘭銀行為例。它的運作方式如下：

一、英格蘭銀行創造新的貨幣，用來購買金融機構持有的政府債券（就像二〇〇八年金融危機後所做的那樣）。

二、與此同時，財政部發行新的債券——與英格蘭銀行購買的額度完全相同。

三、結果：由於英格蘭銀行同時從市場上撤走了同樣額度的債券，因此政府的新債券保證會有買家。

換句話說，政府透過讓英格蘭銀行拿走（使用新創造的貨幣）其他人持有的債券，來確保對其新債券有需求。這有點像我不斷地從你手中拿走這本書，然後給你錢，讓你換一本我剛印好的新書，以此創造這本書的保證需求。

我要特別說明一點，根據官方說法，英格蘭銀行否認二〇二〇年的QE政策目標是直接為政府支出提供資金。其實，英格蘭銀行在二〇二一年十一月編輯了QE政策網頁，[10]然後新增這樣一個問題「量化寬鬆是否有助於支付政府支出？」，並附上答案「這不是我們採行QE政策的原因。我們這樣做是為了保持低通膨與物價穩定，並且支持經濟。」這麼說來，二〇二〇年宣布QE政策的四千五百億英鎊，與政府突然新增的現金需求幾乎完全吻合，顯然只是碰巧而已，對吧？更巧的是，每個月QE政策的時間安排，居然完全與政府的現金需求完全吻合，如圖表二十二所示。

要理解二〇二〇年英國實施QE政策的速度和規模，我們可以觀察貨幣供給。貨幣供給在前幾輪QE政策的影響下一直成長，但光是二〇二〇年四千五百億英鎊的QE規模就超過前面幾輪的總和。事實上，觀察一下圖表二十三，其顯示過去十年間「貨幣基數」（base money）的成長情況（該指標包括由中央銀行創造的貨幣，但不包括

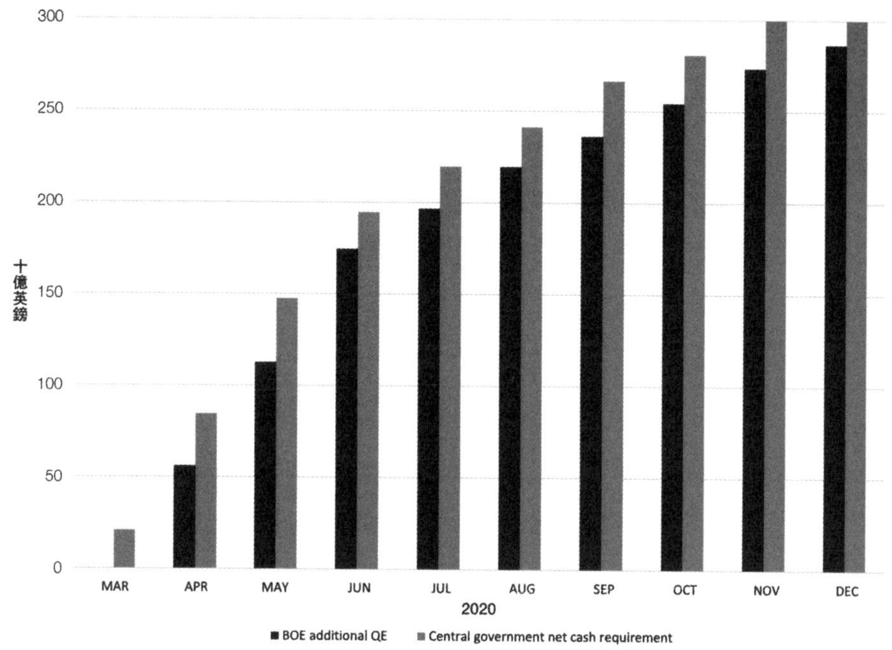

圖表二十二：二〇二〇年額外的量化寬鬆（黑）和中央政府淨現金需求（灰），以十億英鎊為單位。[11]

商業銀行創造的貨幣），你可以看到從二〇二〇年到二〇二一年，有一條近乎垂直的線。

類似的情況在全球各地上演。歐洲中央銀行在二〇二〇年三月宣布追加一千兩百億歐元的量化寬鬆，[12]澳洲儲備銀行（Reserve Bank of Australia）計畫實施兩千億澳幣的振興方案，[13]紐西蘭儲備銀行（Reserve Bank of New Zealand）追加了五

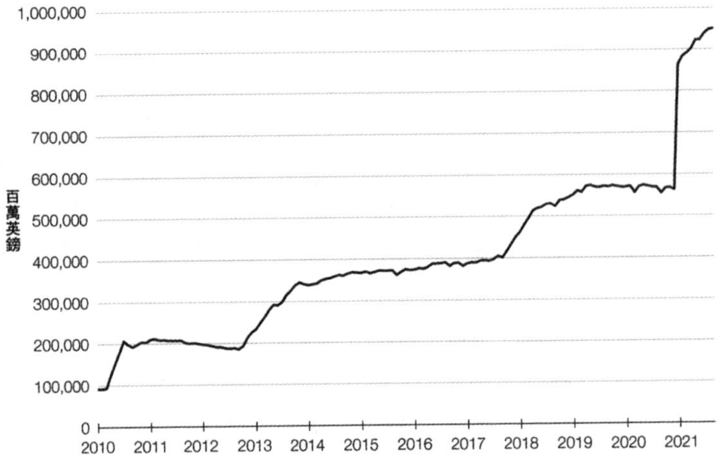

圖表二十三：英國的基礎貨幣（M0）總量，以百萬英鎊為單位。[17]

百四十億紐西蘭幣，[14]日本央行則追加了九十兆日圓（八千三百八十億美元）。[15]那美國呢？嗯，與新冠疫情相關的巨額支出，也意味著大規模的量化寬鬆。我們先前看到，防疫措施的總成本預估為五兆美元，而在二〇二〇年三月至二〇二一年九月這段期間，美國聯準會持有的資產價值，也同樣驚人地增加了四兆五千億美元。[16]

疫情大流行期間，全球四大央行（美國聯邦準備理事會、英格蘭銀行、日本中央銀行、歐洲中央銀行）總共（使用新創造的貨幣）購買了十一兆三千億美元的資產來支持其經濟。[18]

這次貨幣供給量的增加最終導致通膨嗎？

你可能還記得，上一次美國聯準會和英格蘭銀行實施QE政策時，貨幣只是在金融體系中流通，對消費者物價沒有什麼太大影響。但這一次，情況有點不同。

現在，各國政府正在發行新的債券，這些債券由中央銀行（以一種複雜的方式）購買，政府把收到的錢直接放進人們的口袋裡。在美國是以紓困支票和失業救濟金的形式出現，在英國則是無薪假補貼制度，但結果是一樣的：新創造的貨幣最終被用於「實體」經濟中的商品和服務，而不是困在金融體系中。事實上，發放這些錢的全部目的就是要把它們花掉。因此，這在消費者物價方面有可能帶來比以前更嚴重的通貨膨脹。

真的是這樣嗎？嗯，是的，如圖表二十四所示。在經歷十多年的停滯後，美國、英國、歐洲大部分地區以及其他許多主要經濟體的官方通膨指標飆升至兩位數。

平心而論，在這段時期，除了量化寬鬆之外，還有各種因素推動通膨。在二〇二一年通膨開始上升後大約一年的時間，各大央行行長都在努力宣傳通膨是「暫時性」的。

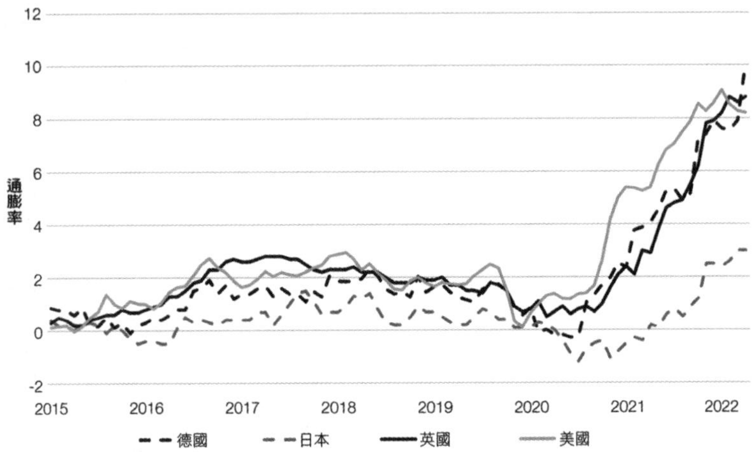

圖表二十四：截至二〇二二年九月的全年通膨率，英國（黑色實線）；德國（黑色虛線）；美國（灰色實線）；日本（灰色虛線）。[19]

他們聲稱「與我們無關」：物價上漲是疫情本身的結果，而不是防疫應對措施所造成的。供應鏈被打亂，生產能力下降，而隨著世界許多地方重新開放，需求突然大幅增加。這一切很快就會解決，物價將停止上漲，所以是「暫時性」的。這種解釋恰好讓他們不需要採取任何行動，他們也確實沒有。

然後，二〇二一年十二月，通膨毫無消退跡象，美國聯準會主席終於改口。這些不是他的原話，但意思差不多：「實際上，我沒有錯，我一直在使用微妙不同的『暫時性』含意，只是你們這些笨蛋沒聽懂。好吧，我們不再使用那個說詞，也許我們甚至會開始嘗試透過提高利率和逆轉量化寬鬆政策來控制通膨。」（這種逆轉操作被稱為量化緊縮，或QT。這需要中央銀行將其持有的一些債券賣回公開市場，收回現金，然後讓現金在一陣煙霧中蒸發。這種操作與量化寬鬆增加貨幣供給的過程正好相反，將減少貨幣供給。）

那麼，在新冠疫情發生後的幾個月和幾年間出現的通貨膨脹，有多少可以歸咎於貨幣創造？這又是一種令人惱怒的情況，不同的經濟學派持不同觀點，而且無法調和，因為你永遠不會知道，如果除了貨幣創造之外，其他一切照舊的話，會發生什麼事。除了疫情帶來的供應震盪，物價也受到烏克蘭戰爭和歐洲能源短缺的影響。無論有沒有量化寬鬆政策，疫情爆發後的那段時期經濟總是動盪不安。

不過有一個顯著的模式：按照其經濟規模比例來看，那些創造並派發最多貨幣的國家，後來通膨率最高。與此同時，在那些鮮少或沒有使用量化寬鬆政策的國家（如印度和瑞士），通膨率卻明顯較低。[20]當然，對於這些例子可能會有人反駁，但我不太理解把這麼多錢直接放入人們手中，怎麼會不算通貨膨脹？

至少，中央銀行不能聲稱量化寬鬆政策是一種精心計算的行動，旨在針對性地提振經濟，同時又能避免任何不良影響。二〇二〇年十一月，當英格蘭銀行的經濟學家被問及為什麼他們選擇一千五百億英鎊作為最新的量化寬鬆規模，而不是其他數字時，他們解釋不了。[21]幾個月後，英格蘭銀行總裁被迫在一份內部報告中承認，他們並沒有真正了解量化寬鬆政策的運作方式，並承諾將致力於「提升和應用（他們的）技術理解」。

這並不表示政府和其央行一定做錯了事情。也許如果他們做得少一點，經濟衰退可能會更嚴重（加上所有相關的人力成本），所以做得多一點總比做得少要好——當然，除了運氣超好之外，沒有什麼能讓他們做得完全正確。

不過，無論如何，許多人在疫情過後的財務狀況都比疫情開始時更好。在英國，家庭淨值在二〇二〇年增加了五千億英鎊，[22]民眾的儲蓄比例從二〇二〇年一月的五・七％飆升至七月的二二・八％。[23]在美國，家庭淨值成長了三十五兆美元，[24]儲蓄率於二〇二〇年四月達到三三・八％的高點。[25]當人們有更多的錢花在相同（或更少）數量的商品時，會發生什麼情況？物價上漲。

一個時代的終結

無論什麼原因，在各國央行長期致力於打擊可能的通貨緊縮之後，高通膨突然回歸，標誌著一個時代的終結——這已經對幾乎所有人的財務狀況產生了重大影響。從二〇〇八年到二〇二二年，我們生活在一個貨幣比歷史上任何時候都更便宜且更充足的時代。現在，那個時代已經結束：通膨迫使中央銀行將利率從地板價調高，在下一次危機出現之前，利率不會回到接近零的水準。至少在通膨仍然有威脅的情況下，不太可能採取量化寬鬆，尤其是那種「直接發放」的方式。

低息和寬鬆貨幣時代的終結，從根本來說是一件好事——因為利率長期處於這麼低的程度是要付出實際代價的。

顯而易見的代價是儲蓄者，十多年來他們無法在銀行賺取任何有意義的利息（我們將在第十章回來討論這個問題）。然而，沒那麼明顯的代價是資產價格大幅上漲。

後者聽起來不像是一件壞事——事實上，對於想得到任何資產類型的投資者來說，都是天大的好消息。讓我們看看，以二〇〇九年初（當時世界上許多地方的利率剛剛觸底）到二〇二〇年底消費物價通膨開始之前的這段時間。在英國，消費者物價平均每年成長二．八％（總計略低於四〇％）；在美國，每年成長一．七％（總計二〇％）。

然而，在同一時期，資產價格（不包括在消費者物價的衡量標準中）激增。黃金價值增加了二三〇％。[26]美國主要股市指數之一標準普爾500指數（S&P 500）上漲了三〇〇％。[27]投資於追踪英國政府債券表現的基金，其價值增加八八％。[28]而房地產（如你所知，不用我翻出任何數據）在大西洋兩岸和其他地區都蓬勃發展。

資產價格上漲是QE和低利率的直接結果。正如我們在第八章所看到的，QE機制的核心部分（英格蘭銀行在其相關報告中公開聲明的內容）是鼓勵人們外出購買更多資產，進而推高資產價格，[29]讓這些人感覺更富有（根據理論），藉以間接刺激消費支出。低利率也發揮了作用：如果你能以一％的利率借錢，購買每年可能至少增值二％（與通膨相符）的房地產，同時還能獲得收入，何樂而不為呢？因此，二〇〇八年後至二〇二〇年之前的貨幣政策推高了資產價格，因為它增加對資產的需求，並允許用更便宜的債務來購買資產。

那麼，我為什麼會主張這是一件壞事呢？原因之一是其對不平等的影響：QE和低利率政策對於已經擁有資產的人、以及有足夠財力以誘人利率借款購買更多資產的人，非常有利。但對於其他人來說，這只是讓資產的「入場價格」更加昂貴。如果你正在尋找一種增加世代不平等的方式——讓已經擁有資產的年長者受益，同時懲罰那些仍在積攢資金購買資產的年輕人——難以想像有比這更巧妙的方式。

另一個問題是，廉價貨幣時代的終結，將為那些依賴廉價貨幣的人帶來痛苦的後果，其中就包括了政府。

請記住，儘管政府已經積欠了驚人的債務，但每年真正重要的是還款成本，而不是龐大而嚇人的絕對數字。由於政府無法真正減少債務總額，所以每次借貸到期就需要借新款來還舊款。而現在貨幣不再像以前那麼便宜，每次用新的債務償還舊的債務，政府的借貸總成本就會增加。同時，任何與通膨率相關的債務都會在通膨上升時變得更加昂貴。除此之外，通膨率的回升也消除了印鈔以避免借貸的選擇。

隨著利息支出的增加，政府從稅收中獲得的收入被利息占據的比例也變得更大，選項變得有限且不太吸引人：增加稅收、刪減公共服務，或者透過更多借款來彌補今天較高的利息成本，導致未來出現更大的問題。這些選項對長期的經濟成長都不利。

當貨幣變得更加稀缺和昂貴時，另一個受到影響的群體是資產持有人。那些在利率下降時受益的資產（在最近一次統計中，所有資產都受益於利率下降），將在利率上升時受到影響。

你可能會想：「誰在乎那些貪婪的投資者呀？」但問題是，大多數人都是投資者，無論他們是否認為自己是不是——因為這部分與他們的退休金有關。

退休年金主要投資於政府債券，因為政府債券是最安全的資產，有一定程度的報酬。你可能會以為，政府借款變得更加昂貴對退休年金來說是個好消息，因為這表示他們所持有的債券將獲得更高的利率。確實如此，但這也會降低他們已經持有的債券價格。

我們之前談過債券定價：當債券收益率增加時，舊債券在市場上的售價就會下降。

因此，隨著英國政府借款成本在二〇二二年前面十個月內增加，典型政府債券基金的投資價值下跌了二五％。[30]

這對於退休年金和一直遵循理財顧問典型建議，將投資組合分配於債券和股票市場的個人投資者而言，也是個壞消息。傳統觀點認為，債券和股票應該會在不同的時間表現良好，意味著在兩者之間取得平衡有助於更平穩的投資表現。然而，上升的利率影響了股票市場和債券市場，實際上，債券市場受到了更大的打擊。結果，沒有任何東西可以緩衝對投資者的打擊：持有四〇％全球股票和六〇％全球債券的熱門基金，在二〇二一年十一月至二〇二二年十月間下跌了一三％。[31]這實際上比一〇〇％投資於全球股票、被認為風險更大的基金表現更差，後者僅下跌四．四％。[32]

同樣的，你的反應可能會是「誰在乎呀？」這些投資者已經很幸運經歷了一段非常強勁的投資表現，現在他們不過是把一些收益吐回去。但請記住之前提到的「財富效應」（**wealth effect**）：中央銀行希望讓資產持有人變得更富有，他們才會走出去花更多的錢，以推動經濟增長。如果資產持有人突然覺得變窮，這種財富效應可能會逆轉：支出減少，可能導致ＧＤＰ成長率下降（甚至負成長），且失業率上升。

這些情況都使得中央銀行陷於棘手的處境。由於通膨率居高不下，中央銀行的反應通常會是提高利率。然而，整個世界（包括各國政府在內）已經對低利率上癮，讓利率回升到「合適」的水準，可能會帶來比通膨更嚴重的後果。

舉個例子，純粹是為了說明，假設某個國家的利率需要設定為七％，才能抑制通膨。然而，該國央行知道，如果這樣做，政府的借款將占用過多的稅收比例，使政府難以負擔；房地產市場將崩潰，因為民眾變得繳不起房貸；債券市場將崩盤（因為債券價格與收益率呈反向變動），股市將崩盤……那央行該怎麼辦呢？

雖然數字可能不同，但近年來，各國央行一直努力解決這個問題。美國聯準會最近在控制通膨方面贏得了（遲來地）「強硬」的聲譽，但這只是相對於其他央行而言：二〇二二年十一月，美國聯準會因將目標利率提高至難以想像的三．七五％至四％而成為頭條新聞，然而，這個利率仍然明顯低於通膨率。在「正常」情況下，你會期望利率高於通膨率：[33]從一九七〇年代到二〇〇八年的大部分時間內，美國和英國的情況通常是利率高於通膨率，即使在通膨率極高的時期也是如此。然而，二〇二二年十一月，英格蘭銀行認為有必要向市場保證，未來不會將利率提高到五%以上，而此時通膨率已超過一〇%。[34]

廉價貨幣時代的終結

這就是我們今天所看到的不樂觀局面。為了解決二〇〇八年的問題（其中大部分是由於過多的債務引起的脆弱性），政府和中央銀行進入了一個創造**更多**貨幣和債務的時代。二〇二〇年新冠病毒危機來臨時，世界尚未從上一次危機中完全恢復過來，唯一的答案就是更多的資金和更多的債務。我們自二〇〇八年以來一直在追蹤這些趨勢，近年來，這些趨勢變得更加明顯，但實際上，自一九七一年進入新的金融世界以來，這些趨勢就一直存在。

而現在，我們似乎已經到了這樣一個地步：過去用來解決問題的「廉價且容易取得的貨幣」措施，現在卻引發了自身的問題。因此，中央銀行幾乎無能為力：儘管他們希望實施的政策可能涉及大幅升息和逆轉量化寬鬆政策，但全球資產市場已經對廉價資金如此上癮，幾乎肯定無法承受利率上升帶來的衝擊。

是不是挺令人沮喪的？

章節總結：

- 新冠病毒危機讓量化寬鬆政策（QE）走向全球：實施QE的國家比以往更多，美國和英國的QE規模也比以往更大。
- 與前面幾輪的QE政策不同——新的貨幣不再只是滯留在金融體系中——這一輪的新資金浪潮流入了實體經濟，因此引發了大量通膨。
- 自二〇〇八年以來創造充裕廉價貨幣的政策懲罰了儲蓄者，卻使資產持有人富裕起來。
- 通膨的回歸終結了「廉價貨幣」時代——然而，可能需要的政策逆轉規模，將對資產市場造成過於嚴重的負面影響，所以無法納入考慮。

參考資料：

1. https://fullfact.org/online/furlough-costs-trident/
2. https://www.bloomberg.com/news/articles/2021–10-21/u-k-spent-almost-100-billion-supporting-furloughed-employees
3. https://www.macrotrends.net/countries/GBR/united-kingdom/unemployment-rate
4. https://www.macrotrends.net/countries/USA/united-states/unemployment-rate
5. https://www.covidmoneytracker.org/
6. https://www.cnbc.com/2022/06/11/the-pandemic-stimulus-checks-were-a-big-experiment-did-it-work.html
7. https://www.nytimes.com/interactive/2022/03/11/us/how-covid-stimulus-money-was-spent.html
8. https://committees.parliament.uk/publications/8934/documents/152365/default/
9. https://commonslibrary.parliament.uk/research-briefings/cbp-9309/
10. https://www.bankofengland.co.uk/monetary-policy/quantitative-easing
11. https://www.ons.gov.uk/economy/governmentpublicsectorandtaxes/publicsectorfinance/timeseries/fziq/pusfandhttps://www.ons.gov.uk/economy/governmentpublicsectorandtaxes/publicsectorfinance/timeseries/ruuw/pusf
12. https://www.ecb.europa.eu/mopo/implement/app/html/index.en.html
13. https://www.rba.gov.au/publications/smp/2021/aug/box-a-central-bank-purchases-of-government-

bonds.html

14. https://www.stuff.co.nz/business/opinion-analysis/126261112/who-will-pay-the-price-for-the-54-billion-spent-on-quantitative- easing
15. https://www.imf.org/en/Topics/imf-and-covid19/Policy-Responses-to-COVID-19#E
16. https://www.bankofengland.co.uk/boeapps/database/fromshowcolumns.asp?Travel=NIxSTxTAxSUx&FromSeries=1&ToSeries=50&DAT=RNG&FD=1&FM=Jan&FY=2010&TD=31&TM=Dec&TY=2020&FNY=&CSVF=TT&html.x=108&html.y=49&C=LM&Filter=N
17. https://www.statista.com/topics/6441/quantitative-easing-in-the-us/#dossierKeyfigures)
18. https://www.atlanticcouncil.org/global-qe-tracker/
19. https://data.oecd.org/price/inflation-cpi.htm
20. https://data.oecd.org/price/inflation-cpi.htm
21. https://www.ft.com/content/e2736009-4b9b-4535-a025-ed48c1eb21a9
22. https://www.ons.gov.uk/economy/nationalaccounts/uksectoraccounts/bulletins/nationalbalancesheet/2021#uk-net-worth
23. https://tradingeconomics.com/united-kingdom/personal-savings
24. https://www.federalreserve.gov/releases/z1/dataviz/z1/balance_sheet/chart/
25. https://tradingeconomics.com/united-states/personal-savings
26. https://www.gold.org/goldhub/data/gold-prices

27. https://finance.yahoo.com/quote/percent5EGSPC/history/
28. https://backtest.curvo.eu/market-index/ftse-actuaries-uk-conventional-gilts-all-stocks
29. https://www.bankofengland.co.uk/-/media/boe/files/quarterly-bulletin/2009/quantitative-easing.pdf?la=en&hash=0A59C421AC345729A53E1D976D0064E046884369
30. https://www.ishares.com/uk/individual/en/products/251806/ishares-uk-gilts-ucits-etf?switchLocale=y&siteEntryPassthrough=true#chartDialog
31. https://www.vanguardinvestor.co.uk/investments/vanguard-lifestrategy-40-equity-fund-accumulation-shares/overview
32. https://www.vanguardinvestor.co.uk/investments/vanguard-lifestrategy-100-eq-uity-fund-accumulation-shares/overview
33. https://www.gzeromedia. com/the-graphic-truth-50-years-of-us-inflation-vs-interest-rates/https://www.economicshelp.org/blog/1485/interest-rates/historical-real-interest-rate/
34. https://www.theguardian.com/business/2022/nov/03/bank-of-england-interest-rates-higher-uk-economy

第十章

讓錢為你工作

坦白說，我覺得，任何夠明智、開始拿起我的書的人，都值得擁有巨大的財富。雖然我不能保證你讀完這本書後就能在金錢上做出更好的決定，但我自負地認為（或者說得更委婉一點，我相信你）這是相當有可能的。畢竟，你現在已經很清楚現代金融體系的運作方式，了解我們是如何走到這一步的——這表示你處於最有利的位置，可以預測接下來的發展，並進行可從中獲利的投資。

但請別擔心我會在這裡丟下你：在這一章，我將努力提高你成功的機會。我將從闡述我對未來的看法開始，然後會分享五個原則，如果未來確實如我所料，這些原則應該會給你帶來回報。最後，我將分享自己如何在投資中應用這五個原則。

了解可行性

掌握這種關於金錢的新知非常強大，但我們也應該對自己的能力保持謙虛，並意識到自己的侷限性。在我看來，侷限性在於：基於對金融體系軌跡的瞭解而做出的任何預測，可能在方向上是正確的，但在變化的時間或幅度方面，很難有多大的信心。

以通貨膨脹為例。當各國央行在二〇二〇年開始憑空印製大量貨幣時（如我們在第九章所探討的），不需要擁有總體經濟學博士學位就能預測到，我們未來可能會看到較高的通膨率。（諷刺的是，世界各國中央銀行的優秀經濟學家卻未能預見這一點——另外找個時間發牢騷吧。）但是，通貨膨脹究竟何時會發生？通膨會達到五％、一〇％、還是一五％？這根本不可能預測——連嘗試預測也沒有必要。

不過沒關係，因為方向正確會幫助你走得更遠：選擇一個符合當前環境的普通投資，可能會比選擇一個不符合當前環境的出色投資更有利。如果你知道會下雨，即使是一把容易被風吹壞的廉價雨傘，也比頂級設計師設計的防強光、抗紫外線的太陽眼鏡更好用。

由於這種內在的不確定性，你進行投資決策時應盡可能拉長時間。要準確預測未來幾個月會發生什麼，並相應地重新調整你的投資，幾乎是不可能的事：比起賺錢，你更有可能下錯決定和賠錢。更好的辦法是對未來十年或更長時間的情況形成一個觀點，並採取投資立場，如果你的觀點大致正確，就會獲益——而無需不斷地進行調整。雖然有時情況可能不如預期，你的時機點也可能挑錯——但你會「夠正確」，不用成為大師諾查丹瑪斯（Nostradamus）也能獲得成功。

所以，關於未來十年左右的經濟局勢，我將提出我的看法——主要關注利率、通貨膨脹以及兩者之間的相互作用，我認為這是最重要的因素。

未來可能的樣子

利率將保持相對較低

一九七〇年代和一九八〇年代初，主要經濟體的利率都拉升到極高水準，以對抗持續的高通膨。在美國、英國、加拿大、澳洲和紐西蘭，利率曾高達一五%甚至更高。

雖然這不是一個理想的解決方案（曾導致經濟衰退），但還是可控的。經歷過那段時期的人都會樂意告訴你關於這些的可怕故事——每當通膨率稍微上升，他們就會沮喪地宣稱利率不久將回到過去極高水準的情況，並摧毀我們所有人。

但這種情況不會發生。為什麼？因為這樣會讓政府和其他所有人破產。先從政府說起。我們已經看到，美國和英國在一九七〇年代放棄了平衡財政收支的想法，自此以後幾乎每一年，他們都透過借款來彌補支出和稅收之間的差額。結果如何？在英國，公共債務已從一九七〇年左右約占GDP的五〇%，成長到二〇二二年第三季度占GDP的九八%。[1] 在美國，公共債務在同一時期內從不到四〇%增加到一三七%。[2]

在利率非常低的情況下，債務水準尚可管控，但當利率過高時，便開始產生嚴重的負面後果。因此，政府會極力想要保持利率盡可能低。雖然許多國家的利率決策（據說）是由獨立的中央銀行來制定的，但它們的職責往往包括維持物價穩定和保持低失業率——如果導致債務成本過高，危及公共財政，這兩項目標都會無法實現。

這就是政府的情況。然後還有其他所有人。就像我們在第六章看到的，英國的私人債務總額在一九八〇年占GDP的六〇%（在歷史上是相對常見的），到二〇一〇年已成長到一九〇%，現在更接近二二五%。[3]只有在利率相對較低的情況下，才承受得住這種債務負擔。利率上升得過快、過高，將使無數企業陷入破產（導致失業），同時使股市、房地產市場、債券市場，以及幾乎所有你能想到的其他市場都崩潰。這種痛苦會太大——在我看來，那些擁有影響力的人會選擇其他任何行動，避免這種情況發生。

從一九七一年到二〇二二年，英國的平均利率是七·一四%，[4]美國則是五·四二%。[5]我認為未來十年，利率很可能大部分時間都會低於前述水準。

通膨將處於高位

一九九〇年到二〇二〇年的三十年間，英國的通膨率平均每年為二·二%，美國則為二·三%：幾乎正好達到各自中央銀行的目標。

正如我們所看到的，這種情況在二〇二一年突然發生了變化。而且我們也看到，轉變非常迅速且劇烈。不過，儘管高通膨時期令人震驚和痛苦，但歷史告訴我們，高通膨不會永遠持續。供應短缺會獲得解決，地緣政治衝突也會結束。即使是極端印鈔造成的通膨壓力也不可能無限期地繼續：通貨膨脹會對貨幣供給的變化做出反應，所以，新貨幣的通膨影響最終會消失，即使它仍存在貨幣體系中。此外，由於通膨通常是以相對於一年前的變化來衡量，因此不需要物價真的下降，通膨就會開始好轉；只要物價上漲的速度比前一年慢，通膨數字就會下降。（對於「通膨會自行解決」的反駁意見是，如果通膨持續存在足夠長的時間，以至於每個人都預期通膨會繼續下去，工人將開始要求提高工資作為補償——而這將推高物價，並使經濟陷入通膨螺旋。）

然而，通膨並不需要達到極高水準才能讓人感受到它的存在。不論是否有新冠疫情，我相信我們已從低通膨時代轉向高通膨時代，平均二%的通膨水準可能還需要很長一段時間才會再次見到。

其中一個原因是，我認為我們已經過了「全球化巔峰」（peak globalisation）。全球化一直是一股通貨緊縮的力量，因為全球化將生產過程轉移到勞動力和原物料更便宜的地方，以降低成本，所以任何方向的倒退都會助長通膨。由於新冠疫情揭露了供應鏈的脆弱性，且地緣政治衝突使各國政府關注於提升自給自足的好處，所以我認為，全球化肯定已經達到顛峰，且可能出現逆轉。在本地進行更多的製造、食品生產和能源生成有其優勢，但這樣做成本更高，因此具有通膨壓力。

可是，等等：中央銀行的核心任務不就是防止通膨（或通縮）失控嗎？沒錯，但央行已經陷入了幾乎無能為力的局面。央行的主要工具是提高利率——但正如我所解釋的，過去幾十年來已累積了大量債務，在公共和私營部門的還款負擔變得難以管控之前，央行提高利率的空間非常有限。央行陷入了僵局，因此他們採取了一種類似「奧茲魔法師」（**Wizard of Oz**，譯註：童話《綠野仙蹤》中的角色）的作法，試圖假裝擁有權力來影響市場，並希望僅憑他們的言論就能讓每個人按照他們想要的方式改變行為。

因此，整體來說，我不期望看到通膨率達到極高水準，但我真的認為通膨率將高於我們近幾十年來所習慣的水準。由於通膨率一直居高不下，如果在四％至五％的範圍內穩定下來（純粹舉例），看起來相對較低，令人感覺新鮮——但通膨率仍然夠高，便足以對政府有所幫助，我們稍後將會看到原因。巧合的是，從Google搜索和Twitter上的提及頻率來看，在通膨率超過四％大關之前，沒有人對通膨率感興趣。[6]

更高的通膨，更低的利率

綜合上述情況，我們可能會預期一段時間，利率和通膨率都會比我們習慣的水準要高——但關鍵是，通膨率會高於利率水準。

這種情況被稱為「負實質利率」。這裡的「實質」是指「除去通膨影響後」，換句話說，如果利率是三％，而通膨率是五％，那麼實質利率就是負二％（三減五）。

自二〇〇八年以來，美國、英國和歐元區（以及許多其他國家）的實質利率大部分時間都是負值，所以我們對此已經習以為常。不過，從歷史角度來看，這種情況在很長時間內是非常不尋常的。事實上，回顧自一七八六年以來的美國數據，實質利率有二〇%的時間為負值，但負值超過兩年的情況只有七次（除了一九七〇年代的一次之外，其餘均發生在戰爭期間）。[7]

我解釋過，在接下來的一段時間裡，這種情況可能無可避免：我們正進入一個通膨壓力較大的時代，但由於債務的數量，利率不能上升太多。事情保持目前狀態的另一個原因是，通膨率高於利率對政府而言相當有幫助，因為這是將公共和私人債務水準降低到較可持續程度最不痛苦的方式。

怎麼做呢？好，如我們所見，以下有三種可能的方法來減少債務占GDP的比例：

- 政府可以嘗試讓GDP成長速度比債務成長速度更快（換句話說，讓國家生產更多、消費更多），這樣債務的比例就會降低。但考慮到全球經濟成長放緩和持續累積債務的必要性，這個方案可以歸類為「不錯，但不太可行」的選項。
- 或者，政府也可以選擇專注在減少債務上——也就是，減少實際欠款的金額（英鎊／美元／歐元）。這表示，即使GDP保持不變，債務比例也會降低。從政府層面來看，這個方案顯然不太可能實現（想看看自一九七五年以來有哪幾年是沒有赤字的？）。從私人層面來看，很難想像企業和個人如何在不引發嚴重經濟衰退的情況下大幅減少債務。

- 所以，最後一個選項是透過通膨來降低債務的實際價值。想像一下，債務總額保持不變，但通膨率為每年一〇%。如果之前的GDP（例如）是二十三兆美元，經過一年後，GDP將達到二十五兆三千億美元，純粹是因為所有東西都變得更昂貴。結果呢？未償債務占GDP的比例會神奇地下降，而不需要任何實際的生產增加。聰明吧。（這與一九七〇年代發生的情況非常相似。看到了吧？我在第七章已經告訴過你這會再次出現。）

對政府來說，負實質利率是有幫助的。但對於個人，尤其是儲蓄者來說，則是危害甚鉅。

例如，在二〇〇六年，你在普通儲蓄帳戶中可以輕輕鬆鬆賺取約五%的利率[8]——所以，當時通膨率為三．二%，你可以在不承擔任何風險的情況下獲得至少一．八%的實際回報（扣除通膨）。[9]

然而，從二〇〇八年開始，實質利率一直是負值：即使在通膨率介於一%至三%的溫和區間，較低的基準利率表示你存入銀行的現金僅能賺取〇．五%的利息。結果會怎樣？如果你一直持有現金，你的購買力每年都在下降。

這種情況被稱為**金融抑制**（**financial repression**）。[10]如果聽起來很糟糕，那是因為這本來就是要讓人感覺不好。這個術語是由兩位經濟學家在一九七三年創造出來的，以貶低那些從儲蓄者手中「竊取」金錢的政策。

現在，廉價貨幣時代終結了，利率明顯高於零，這似乎是一件好事：終於又可以在銀行裡賺取可觀的利息了！然而，事實上一切都沒有改變。如果你在銀行賺取四%的利息，而通膨率為六%，那麼你的購買力每年仍在下降。這種感覺其實更加隱蔽，因為現在你會感覺將錢放在銀行裡似乎很好，即使事實上並非如此。

如何充分運用你的金錢

這就是我對未來中短期的看法：利率將保持在歷史低位，通膨率將比我們過去三十年所習慣的水準更高，而且（關鍵是）通膨率仍高於利率。

現在來談談最有趣的部分：擁有這些知識後，你該如何安排你的財務生活？嗯，根據標準的免責聲明，以下所有內容僅供教育目的，並不構成財務建議。我將介紹五個原則，這些原則應該對你有所幫助。

原則一
不要想著用儲蓄來增加財富

我認為在可預見的未來，基準利率將低於通膨率，儲蓄者將繼續遭受損失：無論你在銀行帳戶中能賺取多高的利率，通膨侵蝕購買力的速度都會更快。即使利率不為零，你可能覺得自己超過通膨，但那只是一種錯覺。

創造「**金融抑制**」一詞的經濟學家之所以將其稱為「竊取」儲蓄者的財富，是有原因的：你可能年初擁有一百英鎊，年底變成一百零二英鎊，但到那時候，物價已經上漲到一個程度，你用一百零二英鎊能買到的商品比一年前用一百英鎊買到的商品少。當然，如果你本人超級自律，把大部分收入都存起來，最後仍然可以保有不錯的財務狀態，但金融體系會積極與你作對，並將終點線推遠。

從嚴格的回報最大化角度來看，答案是盡量少持有現金。確保你有一筆健全足夠的緊急備用金，然後將其餘的資金投入有機會戰勝通膨的資產，而不是任由你的購買力在銀行裡消融不見。

這對於年紀較大的人來說是重大的心態轉變，他們從二〇〇九年之前就開始理財，但那一年的根本變革表示之後所有的儲蓄都將保證會虧錢。他們每年都會根據哪個機構提供的利率最高，將他們的現金存款（cash ISAs）轉到新的金融商品提供商，卻完全沒有意識到，不論他們做什麼都會損失大量的購買力，利率差幾個百分點對他們的影響微乎其微。

我不怪他們：當你從小就相信儲蓄是有回報時（因為在歷史上一直是如此），自然很難接受這樣的世界已不再存在。這也是一種基本上不公平的情況：你不應該為了維持現狀而承擔風險（而任何類型的投資都有一定程度的風險）。但如果你不承認這個討厭的現實，就會給自己造成財務損害：許多人非常擔心把錢拿去投資，然後市場崩盤時損失了五〇％的資金，因此他們把錢存放在銀行裡——結果，只是把錢存在所謂「安全」的地方，卻在十年至二十年後損失了五〇％的購買力。

所以，在金融抑制的條件下，如果你想有機會保持或增加購買力，投資是唯一選擇。你應該投資什麼呢？我們稍後再回到這個問題。

在我們繼續之前，值得強調的是，「從嚴格的回報最大化角度來看」，投資比儲蓄更正確。但有些情況是，存在銀行裡失去購買力可能比承擔投資風險更好：例如，你存了一筆頭期款，打算明年買房，你不會想冒險將這筆錢投入股市之中，因為一次時機不當的下跌很可能毀掉你的購屋計劃。此外，只有在明智的情況下才值得投資：與其將所有資金投入一支高風險的股票，還不如存在銀行裡承擔確定的損失。

原則二
負起責任地承擔債務

除了擁有存錢的本能外，許多人也有避免負債的本能：他們會竭盡所能避免一開始就承擔債務，而且他們從終於清償抵押貸款的那一天起，通常會有一種新的安全感。這種儲蓄和避免債務的態度是明智的原則，在過去大部分的人類歷史中確實對你有好處，但今天可能不再適用。我們已經看到儲蓄不會替你帶來多大的獲利效果。如果你繼續避免借貸，你將錯過增加財富的大好時機。

成為債務人，就是讓你與政府站在一起。請記住，政府有動機設立條件，以維持適度的通膨水準，因為這有助於降低其本身債務的實際價值——這些條件也會對你的債務產生同樣的影響。當然，承擔債務時，你必須用貸款購買能為你帶來正回報的資產——

資產透過支付收入（如租金或利息）、增值，或兩者兼有為你帶來回報。貸款購買價值下降的物品（比方說，一輛比你實際需要更昂貴的汽車）或消費（比方說，去渡假）可能很有趣，但恐怕即使是在金融抑制的情況下，你也沒有好藉口去做這些事情。

個人獲得大量債務最簡單的方式，就是辦理房地產抵押貸款。這也包括專門為了購買房產出租而申請的房貸，但如果你拿自住房屋增貸，然後將這筆錢投資於任何你能想到的項目，論點也是一樣的。

除了抵押貸款（以房地產作抵押），還有一種不以任何物品作擔保的個人貸款。不過，個人貸款的問題在於利率通常很高（因為對放款方來說風險更大），而且你通常借不到那麼多錢。以其他資產（如股票）作為抵押借款也是可能的，但往往更昂貴；身為借款者的你，風險也更大，因為如果股票價格暫時下跌，放款方更有可能要求你返還借款。（由於細節太多，不便詳述）。與其他形式的借貸相比，抵押貸款正好達到甜蜜點，讓你能夠以低利借入大筆款項，風險又相對較低。

我不會在這裡談論投資房地產的優點，稍後會再談到。現在，我們只關注債務——

債務恰好以房地產作擔保，原因我先前已經說過，但房地產本身並不影響任何事情。

想像一下，我們在英國，通貨膨脹率為五％，你以四％的利率申請了一筆十萬英鎊的貸款。為了強調我的重點在於債務，而非房地產，假設你透過增加自己房屋的抵押貸款借到這十萬英鎊，然後你將這筆錢投入股票市場，碰巧與通貨膨脹同步上漲。一年後，你支付了四千英鎊的利息，並擁有一個增值五千英鎊的資產——所以，如果你賣掉股票並償還貸款，你在此次交易中將可獲利一千英鎊。不是因為你的投資天賦，純粹是因為通貨膨脹使你的投資增值，而你的債務卻維持不變。

如果您想以另一角度看待這個問題，按照「實際價值」（除去通膨影響）計算，你的投資保持不變，但你的債務價值降低了。就像一百年前借二十英鎊的例子，你仍然積欠二十英鎊，但這個金額不再像以前那麼貴重。這種效果需要一年以上的時間才能產生有意義的結果，但也不需要一百年那麼久。如果通貨膨脹率以平均四％的速度持續十年，債務的實際價值將蒸發三分之一。如果持續二十年，債務將減少一半以上。請記住：這種好處都來自於通貨膨脹侵蝕了你債務的實際價值。如果你把錢投資到一項能產生收入或增值超過通貨膨脹的資產中，就能從借款和投資中獲得雙重優勢。

當然，假設你會把借來的錢都投資於每年隨著通膨同步上漲、或超越通膨的資產項目，是完全不切實際的。現實情況是，在某些年份可能會造成你的投資實際價值下降。然而，長時間來看（只要避免投資受損且永遠無法回收的爛項目），你還是能夠獲利。

但別忘記：本小節的標題是「負起責任地承擔債務」。無論何時舉債，你都在承擔風險。不管你的投資表現得多好或多差，到期時你都需要用實際擁有的流動現金支付利息。因此，你需要謹慎利用債務，確保你負擔得起利息成本，並能應對任何超出預期的利率上升。以投資為目的的負債總是會帶來新的風險，並非適合每個人。但對於能夠承受的人來說，成為債務人可以讓你從金融抑制中受益，而不是受到傷害。

原則三
謹慎對待固定收益投資

在通貨膨脹的情況下，任何支付固定收益的投資項目都會表現不佳。原因很明顯：如果一百英鎊的投資每年只獲得五英鎊的回報，這五英鎊的購買力將逐年遞減。等到你回收原始的投資本金時，本金價值也會減少。

最常見的「固定收益」投資類別是債券。你可能還記得之前提過的，債券代表向政府或企業提供的貸款。如果你從政府那裡購買了一百英鎊的債券，表示你今天給他們一百英鎊，他們承諾在約定時間後歸還這一百英鎊。作為使用你資金的利益交換，他們同意每年支付固定金額的英鎊（作為利息）給你。

截至二〇二二年底，向英國政府提供一百英鎊貸款，為期十年，那麼你每年將獲得約三・五英鎊的回報。[11]這比一年前提供的回報高出三〇〇%以上。因此，債券變得更具吸引力——但如果通膨率超過三・五%，那麼十年期滿收回的一百英鎊價值將比你每年收到的現金貶值更快。正如我們所提到的，借錢給掌控本國貨幣的穩定政府幾乎是最安全的，但這種安全性所要付出的代價是，在金融抑制時期損失實際購買力。

（順便說一句，溢價債券〔Premium Bonds〕也是如此。溢價債券是一種奇怪的債券類型，根據「獎金」發放；只是另一種借錢給政府的方式，並且仍然提供固定回報（根據撰寫本文時的情況），對於運氣平平的人來說，每年回報大約二％。）[12]

我們先前也看到，除了每年支付固定金額外，債券在次級市場上的價值可能上升或下跌。不過，別過度受到債券定價的影響，如果人們認為通膨率將來仍居高不下，他們可能會減少購買已發行的債券，因此你持有的債券價值將會下降，支付給你的「實際」收入也微不足道。

債券定價的另一個重要組成是**信用風險**（credit risk），意指你可能無法按承諾獲得回報的風險。如果人們開始更新他們對這些政府和企業借方安全性的看法，情況會怎樣？因為政府和企業部門累積的債務越來越多，而且沒有可靠的償還方式。如果發生這種情況，放款方會要求更高的利率來抵消風險，而這將壓低現有債券的價值。

債券的意義遠不只這些，許多理財顧問可能會強烈反駁我所說的：他們認為債券應該是你投資組合的一部分，因為當股市表現不佳時債券表現良好（反之亦然），隨著時間一長，債券可以緩和波動。雖然過去確實是這樣，但最近並非如此，而且對於未來是否還會像過去一樣，我持懷疑態度——不過我只是提醒一下，以防你想從真正的投資專業人士那裡獲得建議，而不是被書中的某個傢伙所引導。

我也需要承認，現在利率已經從長期接近零的水準明顯上升，政府債券的吸引力看起來比多年前更大——因為利率的上升降低了債券的價格，帶入了更多潛在的上漲空間。但即使債券有其優點，我仍相信還有其他投資項目在我預期的未來版本中會有更好的表現——所以，現在我們來討論這些投資項目。

原則四
投資實物資產

實物資產（Real assets）指的是你可以碰觸到的實際物品：房地產、商品和基礎建設。這些與包含股票、債券在內的金融資產（financial assets）相反。（有些人認為像版稅和保險等也應該算作實物資產，他們要這樣主張的話可以自己去寫本書，在這裡我將它們歸類為「無形資產」〔intangible assets〕。）

實物資產的主要優勢是，在通膨的環境下往往能夠保值。讓我們快速瀏覽每一種實物資產，看看它們為什麼非常適合我所預見的金融未來。

大宗商品

大致來說，大宗商品是用於生產其他商品投入的原物料，例如黃金、石油、銅、鋁、天然氣、玉米、小麥和穀物等。它們往往在通膨環境中表現良好，因為通膨經常與經濟繁榮和對產品的高度需求相關——這表示製造產品時所需要的原物料更多。即使在通膨發生而經濟沒有大幅成長的情況下（這種不幸的情況稱為「停滯性通膨」〔stagflation〕：經濟停滯加上通膨），大宗商品仍然表現出色，因為生產者有定價權。換句話說，石油生產商處於有利地位，他可以說：「通膨率達到一〇%，所以我要把價格提高一〇%，你還要不要？」考慮到幾乎所有東西的生產都需要石油，買家除了支付價格（然後把自己的商品售價提高，以維持利潤）外，別無選擇。

除了黃金（稍後我們會談到），人們通常不會購買一堆大宗商品，然後抱著它們等到價格上升再賣出（顯然，天然氣難以儲存和運輸，而其他商品也不太便於攜帶）。他們反而會試圖預測大宗商品的未來價格，透過投機獲利，這就是眾所周知的期貨市場（**futures market**）。在期貨市場上進行交易有幾個風險，主要是因為每筆交易都有一個固定的到期日，通常只有幾個月的時間。這表示，除非你特別想對某一特定商品的短期價格變動進行投機買賣，否則透過以下方式來投資大宗商品更為實際：

- 購買生產大宗商品公司的股票，例如石油探勘公司或銅礦業者；
- 投資於試圖（透過極其複雜的機制，這裡不值得深入了解）反映特定商品目前售價的基金。例如，L&G All Commodities UCITS ETF 是一支追蹤一籃子商品（包括天然氣、石油、大豆和牲畜）表現的基金。這並不是具體的建議，只是為你指引正確的方向。

上述兩種方式都能讓你在大宗商品價格上漲時獲益——在通膨環境中，你會預期大宗商品上漲——同時沒有參與期貨市場的壓力，也不會讓你的車庫塞滿了煤炭和牛隻。

黃金是一種特殊的商品，因為不僅用於工業生產，鑒於其歷史背景，也用作金融投資。正如我們所見，從長期來看，面對通貨膨脹，黃金往往能夠保值。在二〇二〇年，你可以用與一九五〇年代相同數量的黃金購買一棟房子。然而，特別要強調的是「長期」：在較短的時間內，黃金不一定與通膨有任何關係，而且在危機時期，黃金也會有隨著股票、債券和其他事物一起下跌的趨勢。換句話說，從歷史上看，黃金是長期保持購買力的好方式（遠遠優於持有任何主要貨幣的現金），但如果未來一年通膨率為五％，黃金未必幫得了你。

房地產

讓我先說明一點：我寫過幾本關於房地產的書，而且我的日常工作包含為房地產基金提供建議。因此，我會簡短地談論這一部分：就算我有偏見，篇幅也不至於太長。

我也會將討論範圍限制在住宅房地產方面：許多相同的因素也適用於商業房地產，但從住宅的角度來看更容易理解。此外，某些社會變遷正在給某些商業房地產領域帶來挑戰——例如，從實體零售轉向網購和居家辦公的轉變——然而，在住宅房地產領域，人們仍然非常渴望在室內過生活。從這個角度來看，住宅房地產是最基本的實物資產：每個人都需要一個住的地方，所以住宅房地產永遠有價值，並且可以產生租金收入來源。

那麼，我們開始吧。住宅房地產在低利率的通膨環境下有望表現良好，原因有三。

第一個原因很明顯，前面已經討論過：容易獲得相對便宜的抵押貸款。

其次，房地產的收入來源（租金）往往會與通膨同步上漲。（這與債券的收益形成鮮明對比，債券的收益一開始就是固定的金額，從未改變。）為什麼？與普遍的觀點相反，租金水準並不是由貪婪的房東單方面決定的，而是取決於當地的薪資水準。只要需求與供給相當（絕大多數市場的情況都是如此），你可以想像潛在租客競相抬價，使租金提高到只有一個人願意為最佳地段的最好物件支付租金——同樣的過程也適用於其他不太理想的物業。在現實生活中，這個過程比較混亂，租客根據房東的報價做出回應，房東則是根據他們認為有人願意支付的最高價格來設定租金，但動態是相同的。

每位潛在租客願意且能夠支付的最高金額，取決於他們的收入，而收入往往會與通膨同步上升，因此租金水準也會隨著通膨而上漲。事實上，在過去十年間，儘管租金不斷上漲，但英國人的租金開銷占收入比例始終保持在三〇%至三五%的範圍內。[13]當然，租金的變化不會每年都按照固定的模式，有時候租金可能飆漲或停滯，但從長遠來看，租金上漲的趨勢保持不變。

圖表二十五精準地說明了這一點。租金、消費者物價通膨和平均週薪都經過指數調整，使其在二〇〇五年有個共同的起點，這樣我們就可以觀察它們是否有所分歧和如何出現差異。如你所見，從那時起，它們之間的走勢非常相似——完全符合合理預期的情況。

總之：這一切帶來的影響是，如果你在購買房地產的當天能夠獲得五％的租金報酬率，那麼在通膨環境下，租金報酬率將會隨著時間增加（相對於你的購買價格，當然購買價格是固定的）。例如，假設你花了十萬英鎊購買一棟房子，每年可獲得的租金利潤為五千英鎊（五％的報酬率）。經過幾年的通貨膨脹，租金可能已經增加到讓你每年獲得六千英鎊的利潤——所以，你的租金利潤已經增加到你購買價格的六％。

第三，從長期來看，房地產的資本價值通常會隨著通膨增加，甚至更多。這是因為房地產價值（至少部分是）取決於其所產生的租金，而我們已經看到租金會隨著通膨上漲。同時，這也是因為人們的存款能力和抵押貸款的額度受到薪資影響，而薪資通常也會隨著通膨而上漲。事實上，在一八四五年至二〇一六年之間，英國房價平均每年漲幅

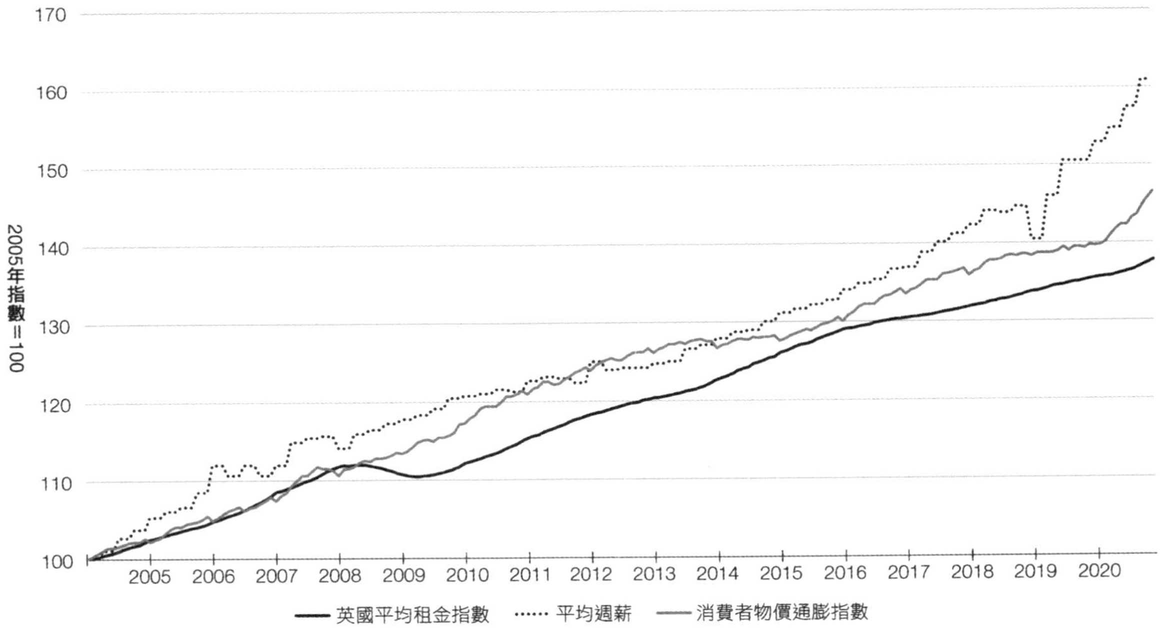

圖表二十五：英國平均租金指數（黑色實線）、消費者物價通膨指數（灰色實線）、平均週薪（黑色虛線）。[14]

一．一％以上，高於通膨。[15]當然，價格有時會快速上漲，有時也會回落，但如果從這些週期性偏差中拉遠視野，忽略短期波動，房地產增值的趨勢非常明顯。

所以，你有了一項投資，可以長期增值，並帶來與通膨相關的收入來源，而且可以透過低息貸款來購買它。現在你明白為什麼我這麼熱衷於此，寫了四本書，並主持了十年的播客節目了吧？然而，我必須先聲明，沒有任何投資是完美的，即使在房地產方面也是如此。那麼，是否有任何理由讓你三思而後行呢？

理由一，直接持有房地產可能會遇到一些麻煩（維護房屋、管理、難搞的租客……），而且缺乏多元化。解決這些問題的方法是透過基金投資房地產，而不是直接持有房屋，這樣所有工作就由別人來做，你也不需要投入這麼大的資金（更容易實現多元化）。但從目前的情況來看，最主要的缺點是房地產的資本價值容易受到利率上升的影響：利率越高，房屋的價值就越低（其他條件相同）。為什麼？因為當借貸變得更昂貴時，買房的兩大族群——投資客和自住客——沒有理由支付那麼高的價格。投資者需要賺取一定的溢價，高於他們從債券等相對安全且容易的投資中獲得的溢價，所以高利息負擔表示，他們需要購買較便宜的房地產才能獲得同樣的回報。對自住客來說，更昂貴的貸款成本意味著他們只能根據薪資負擔較少的抵押貸款——這也表示，他們願意支付的房價比貸款成本便宜時還低。由於市場上的兩大買家（整體而言）願意或能夠支付的房價較低，所以拉低了賣家可以實現的價格。這與我們之前所看到的，利率下降會抬高資產價格的現象相反。

不同於租金，房地產價格不會隨著時間穩定上升：有繁榮的時候，也有崩潰的時候，下一步將發生的情況往往與媒體輿論或個人對於房價的直覺不一致（新冠疫情爆發時，幾乎所有人都預測房價會暴跌，結果接下來兩年，全世界的房價都暴漲）。然而，長遠來看，我們發現房價上漲趨勢略高於通膨——所以，關鍵在於要有長遠的眼光，並確保不要承擔過高的抵押貸款，以免在房價下跌時被迫出售。只要繼續持有房地產，你就能繼續獲得與通膨相關的收入來源——即使在房價下跌的時候也是如此。

基礎建設

基礎建設包括高速公路、鐵路、下水道、橋樑等經濟所需的重要設施。投資基礎建設通常（但不一定）意味著投資由國家或地方政府某個部門委託進行的項目。好處是什麼？這些建設項目受到堅實可靠的合約約束，合約規定了可預測的收入來源（投資者以股息形式獲得），而且通常有某種形式的通膨保障。

基礎建設被認為與其他資產類別和整體經濟時運的相關性較弱：如果政府需要新建橋樑或醫院，並不會因為股市下跌或經濟衰退而中途取消建設。事實上，在經濟衰退期間，政府可能會增加基礎建設投資，以彌補私營部門的需求減少。

投資基礎建設的方式是透過基金，將投資分散在各種不同的項目上。你可以搜尋「基礎建設基金」和你感興趣的國家，找到規模最大的基金，然後查看它們的持股資料，了解它們投資的項目和表現。就我個人而言，相比房地產和大宗商品，我對於把基礎建設當作投資比較沒那麼感興趣，但它仍是一種實物資產，值得拿出來討論。

原則五
平凡地投資股市

我曾提到金融抑制正在造就「勉強的投資者」（reluctant investors）：這種人寧願把錢存在銀行帳戶以確保安全，但現在被迫承擔風險進行投資，因為這是防止購買力流失的唯一途徑。如果你是這種人之一，你能做的最好事情就是盡可能平凡地進行投資，而且以這樣的方式，你不需要任何專業知識或準確預測未來的能力就可以成功。

要實現這個目標，其方法基本上就是退出挑選個別股票的整個遊戲。你可以透過投資指數型基金（index funds）取而代之，選擇持有所有股票的一小部分。例如，你可以投資一支持有英國百大公司股票的基金，這樣你既可參與它們的平均表現，亦可從它們支付的股息中分到一杯羹。

然而，對於那些認為「我不夠聰明，無法挑選贏家，所以把全部都給我」的人來說，指數型基金還不夠，他們需要一支投資於全球數千家公司的基金。這是因為世界各地的公司在不同時期的表現往往有好有壞。例如，大約在二〇一一年至二〇二一年期間，美國股市表現異常強勁，市值幾乎成長了兩倍，而英國市場則幾乎沒有任何成長。如果你是典型「近鄉偏誤」（Home Bias）的英國投資者，就會錯失這個機會。還有一類是所謂的「新興市場」（涵蓋中國、印度等大型經濟體，以及希臘、秘魯等較小的國家）。在二〇〇〇年至二〇〇九年期間，這些市場的表現大大優於世界其他地區，但接下來的十年間卻落後了。

持有一支讓你投資於全球各地公司的基金，你最終會獲得所有股票的平均表現。達到平均水準表示你放棄了挑選最大贏家和獲得最佳結果的可能性，但你也消除了挑到差勁標的和獲得糟糕結果的風險。而且，儘管極端情況互相抵銷（一個國家、地區或行業表現不佳時，另一個可能表現良好），但平均而言，世界各地公司往往會隨著時間成長——因此，按照股市標準，你會經歷穩定的成長。

警告：按照「股市的標準」，投資仍有一定程度的波動性，可能讓人不安。舉例來說，一支全球指數型基金在二〇二二年之前的四十三年裡，有三十三年實現獲利，但其中四年虧損超過一〇%（最糟糕的那年是二〇〇八年，跌幅高達三七%）。[16]因此，只有當你擁有足夠的心理韌性，市場下跌時不會恐慌拋售，並且計劃至少投資五年（這樣，如果你不幸在市場下跌前買進，還有時間等待市場恢復），才應該靠近股市。

例如，先鋒集團（Vanguard）的「FTSE All-World ETF（VWRL）」是一支廣受歡迎的全球追蹤指數基金，涵蓋了四十九個國家的三千七百六十七家公司。再次強調，這只是研究的起點，而非建議。

既然你有了完整的概念，值得注意的是，全球指數型基金的配置權重會根據各國股市規模來決定。美國約占全球股市的六〇%，因此即使你的投資分散在四十九個國家，仍然在很大程度上受到美國股市的影響。如果這讓你感到不安，你可以選擇購買組合型基金，降低你在美國的整體投資比重。但這樣你又會回到要嘗試挑選贏家的情況。

實踐這些原則

現在，我會分享我目前的投資方式——不是要你也照樣做，只是舉個例子，告訴你如何將這些觀念整合起來。

首先，需要注意的是，我給自己設定了至少二十年的時間範圍：在這段時間內，我不會太在意任何特定年份的投資表現，因為我生活開銷是靠工作收入，而不是投資收入。

雖然我試著減少手上持有的現金數量（因為原則一），但我仍然認為保有緊急備用金是很重要的——而且我通常也會積攢現金，以備購置房地產之用。這表示我總是有一部分的資金以現金形式存在，而且這筆現金注定會貶值。但我不太擔心這個問題：我把它看作不承擔任何風險的代價，這筆現金在我需要時能立刻派上用場。

接著是房地產——一種實物資產（原則三），我已經公開表達個人對它的偏好。坦白說，這種能夠穩定跟上通膨步伐的收入來源，要人不感興趣很困難，再加上其資產價值近兩百年來一直超越通膨。當然，遵循原則二，我會適度運用債務。購置房產時，我的貸款成數是房價的七成五（這是我個人貸款比例的安全範圍，你的情況可能有所不同），讓這個比例隨著時間逐漸下降，因為房地產會增值，但債務不變。同樣符合原則三，我持有一些黃金作為抗通膨的保障。

此外，我也會以你想像得到的最無聊方式投資股市（原則五）：我用退休金買了一支全球指數型基金，因為我知道自己的專業知識不足，無法選擇哪些公司（甚至哪些國家）在特定時間表現最好。我認為，在所有股票中持有一小部分，是對人類創造力的一種押注：如果企業繼續找到更好、更便宜的方式來滿足人們的需求，它們的利潤將會隨著時間而增加，估值也會隨之上升。

碰巧的是，我對於未來十年內的股市投資表現不抱太大期望，不相信會比過去好。通貨膨脹和經濟成長疲弱對股市都不是好消息，因為當經濟疲弱時，所有公司的盈利變得不太確定，而當通膨升高時，未來盈利的價值也會降低。我預估未來會出現通膨和經濟成長疲弱，所以很可能不會看到股市出現豐厚的回報。但完全避開股市，只專注實物資產，又有點過頭了（多元化投資通常在任何投資組合中都是個好主意），而且我的投資時間範圍超過十年，所以在價格下跌時進場，經過一段很長的時間或許還是能獲得回報。在英國，與大多數國家一樣，也很容易在政府批准的簡易結構中進行股市投資，可以減免或延遲繳納投資收益的稅賦。

我確實也有一些「純屬好玩」的冒險性投資，但房地產、現金和無聊的股市投資占了我投資組合的大部分比例。你不會發現什麼？當然是債券（原則三）。

在我計劃投資的時間範圍內，我知道房地產和股市都有繁榮與蕭條。這些不會特別困擾我，因為我相信最終它們的價值將比今天高出許多，同時，我相信我的債務水準不會讓我在經濟低迷時期面臨太大的風險。

再次強調，這是我的作法，並不代表你應該照著做。你可能沒有時間、知識或興趣來投資房地產。根據個人情況或時間範圍，你可能基於某些理由更適合持有債券。也許你不想承擔任何債務風險。或者，你可能想要承擔更多風險，進行更具潛力的投資項目。

分享這些的目的是提供一個範例，告訴你如何將本書的知識付諸行動。記住：如果你對於自己做出這些決策不太有信心，隨時可以向財務顧問尋求協助。提供資訊和實例，我並不是說你應該自己做出所有財務決策，只是想給你一些工具，讓你批判性評估任何人告訴你的事物（金融專業人士或其他人），並提出明智的問題，而不必盲目地接受他們的話。

下一步怎麼走？

如果未來幾年的情況如我預期般發展，這些充分利用資金的方法應該會讓你處於有利位置。但金融體系的整體實力如何呢？我對未來的展望與現在情況大同小異：更多的貨幣創造，更多的債務，儲蓄者承受更多的痛苦，已擁有資產與無資產者之間的差距將會更大。在前一章，我回顧了這些政策已經造成的所有不良影響，那麼這種情況真的會持續下去嗎？

並不會，這一切總有一天會結束。至於會是什麼時候？也許不會等太久。

章節總結：

- 政府有動機創造低利率和高於平均的通膨條件，以幫助他們應對自身的債務——所以，可以合理預測通膨情況將會繼續存在。
- 在這種情況下，儲蓄者受到懲罰，借款者受到獎勵——因此，利用廉價債務購買正在升值和／或可以產生現金流的資產可能是明智之舉（但也確實會有風險）。
- 在通膨環境中，像債券這樣的固定收益投資可能表現不佳。
- 一些資產類別受益於通貨膨脹，包括大宗商品和房地產。
- 未來十年，所有資產類別的報酬率都可能低於近期水準，但仍然優於僅持有現金。

參考資料：

1. https://www.ons.gov.uk/economy/governmentpublicsectorandtaxes/publicsectorfinance/bulletins/publicsectorfi-nances/september2022
2. https://tradingeconomics.com/united-states/government-debt-to-gdp.
3. https://tradingeconomics.com/united-kingdom/households-debt-to-gdp
4. https://tradingeconomics.com/united-kingdom/interest-rate
5. https://tradingeconomics.com/united-states/interest-rate
6. https://www.economist.com/graphic-detail/2022/11/02/inflation-is-too-high-when-the-public-notices-it
7. https://www.validusrm.com/2021/08/31/two-and-a-half-centuries-of-real-interest-rates/
8. https://www.thisismoney.co.uk/money/saving/article-1601066/Has-your-sav-ings-rate-risen.html
9. https://www.in2013dollars.com/UK-inflation-rate-in-2006
10. https://cepr.org/voxeu/columns/financial-repression-then-and-now
11. https://markets.ft.com/data/bonds/tearsheet/summary?s=UK10YG
12. https://www.moneysavingexpert.com/savings/premium-bonds/
13. https://advantage.zpg.co.uk/insights/reports/rental-affordability-in-great-britain/
14. https://www.ons.gov.uk/economy/inflationandpriceindices/timeseries/l522/mm23andhttps://www.ons.gov.uk/economy/inflationandpriceindices/datasets/indexofprivatehousingrentalpricesrefer-encetables
15. https://journals.sage pub.com/doi/full/10.1177/0042098019872691

16. https://backtest.curvo.eu/portfolio/msci-world–NoIgsgygwgkgBAdQPYCcA2ATEAaYoAyAqgI-wDsAHMQKwAsxZAnDsQLptA

結論

最終章

在通俗經濟學中，有一支專門靠預言末日賺錢的流派。無論經濟發展如何，某些作者總是能夠寫出一本又一本的書，警告世人不管經濟情勢怎樣，肯定都是全球金融體系即將崩潰的徵兆——唯一的生存之道就是在你家後院埋點金子，囤點罐頭食品。但幾年後，世界末日沒有發生呢？嗯，這表示現在距離末日更近了，所以你更迫切需要購買他們的下一本書，這樣才能了解即將發生的事情，提早買進那些罐裝豆子。

就像停擺的時鐘，他們總會說中某個時間點。正如本書所述，貨幣的歷史見證了不同的「時代」來來去去，某種危機觸發了金融世界從原先的體系轉向另一個體系。例如，八十年前，我們從一個「以黃金為本位」的體系轉向一個「與美元掛鉤」的體系，然後五十年前，我們又從這個體系轉向「法定貨幣」（貨幣價值僅有政府背書）的體系。當你生活在任何一個時代，感覺都很自然和「正常」，因為那是我們習慣的方式。但是，每個貨幣體系都是人類建構的產物（自從我們在第一章天真地用硬幣換取胡蘿蔔以來，就再也沒見過什麼自然的東西了），歷史告訴我們，它們最終都會崩潰，變得一團糟。

我們現在距離經濟體系崩潰還有多遠？我希望這麼說不會讓自己與那些經濟末日崇拜者走得太近，但過去五十年來，感覺我們更接近這個時代的終結，而非開始。

世界末日預告

儘管我們英國人喜歡把自己想成重要的全球參與者，但實際上，當英國發生的事情占據全球頭條版面時，我們才知道自己麻煩大了。

這就是二〇二二年九月的情況，當時新任首相莉茲．特拉斯（Liz Truss）和她的財政大臣科夸西．夸騰（Kwasi Kwarteng）提出了「迷你預算案」（mini-budget）——結果證明，該預算案可能是人類史上最名不符實的財政事件之一。

從表面上看，他們宣布的措施與一九七〇年代以來各國政府一直在做的事情沒有太大區別：預計花費更多的錢，但實際上並不清楚錢從哪裡來。然而，這一次的後果卻截然不同。

也許是因為他們沒有按照傳統慣例那樣附帶一些財務分析，暗示最終還是得自負盈虧（即使從未如此）。也可能是這些措施的潛在規模，需要承擔國家未來兩年能源帳單的費用，這筆費用未知但肯定相當龐大。或許是因為時機問題，在利率上升的同時，大量額外借款突然看起來不再那麼有吸引力，原因我們之前討論過。可能是所有原因都有，再加上一些其他因素。但不管怎樣，金融市場並不喜歡這個想法，結果發生了兩件事。

首先，政府借貸成本急遽飆升：在這位財政大臣上任之前，十年期政府債券的收益率約為三．三%，[1]而在他上任後不久，收益率飆升至四．五%以上。基本上，整個全球金融市場突然決定希望獲得更高的利率，以補償他們借貸給英國政府所帶來的風險。

一部分是因為外界認為這些措施會造成通貨膨脹，即使已將更高的通膨預期納入考量，但市場仍需要收取更高的利率，才能在未來獲得正回報。這也是由於知覺風險（perceived risk）：雖然向主權政府提供貸款的風險極低，但也不是零風險。透過觀察名為信用違約交換（credit default swap）的保險工具，我們可以看到，放款方開始將英國視為風險更高的借款者，如果借款者違約，這種保險會理賠。一週之內，這項保險的費用增加了一倍多。[2]

按照發達國家債券市場的標準，迷你預算案發布後的變化非常大。雖然沒有人會把這些事情誤認為是好消息，但實際情況更糟糕——而且影響到全球。

正如我們前面看到的那樣，退休年金是政府債券的大股東。然而，事實證明，他們不只是購買並持有債券：為了追求更高的回報，他們一直利用債券作為抵押品來借錢，以便購買更多債券。[3]然後有些基金再用這些債券作為抵押品，借更多的錢購買更多的債券：在某些情況下，這個過程重複了六次。透過持有更多債券並收取所有債券的利息，他們因此獲得了比原本更高的回報。

只要他們的抵押品（債券）價值相對穩定，這是非常聰明的策略。然而，當債券收益率上升時，它們的市場價值就會下降——因此，迷你預算案推出後，收益率突然上升，表示他們的抵押品突然不如以前值錢。結果，那些原本接受他們以債券作為擔保的機構，突然要求更多抵押品。

這讓退休年金別無選擇，只能出售部分剩餘的債券，以籌集現金作為額外的抵押——造成了債券市場泛濫，進一步壓低債券價格。由於債券價格進一步下跌，放款方需要更多的抵押品，這意味著退休年金不得不再次拋售，使價格又進一步下跌。這種影響有時被稱為「厄運循環」（doom loop），而且這樣說毫不誇大。為了防止徹底崩潰，英格蘭銀行需要採取行動，創造貨幣來購買一些正在出售的債券，有效地增加市場需求，防止價格進一步下跌。

干預是成功的，局勢也得到控制——除了特拉斯和夸騰，兩人都在一個月內請辭，他們的預算案也被推翻。市場最終得到安撫，在這份不幸的迷你預算案推出後的六週之內，英國的借貸成本幾乎回到了之前的水準。

這個事件不僅在經濟學領域中非常戲劇化，對我來說，整個令人遺憾的事件就像是預告片，講述了一切最終如何結束。全球市場建立在信心的基礎上：政府和其他人債台高築完全沒問題，只要大家普遍相信一切都會變好。一旦信心消失（就像二〇〇七年全球各大銀行對彼此失去信心一樣），事情會進展得非常快。發生這種情況時，由於系統中有太多的槓桿，事情可能在意想不到的領域出現問題，其後果無法預料。別忘記：二〇二二年底，政府只是宣布了一些額外的借貸計劃。結果，經過一連串漫長而複雜的事件，整個英國退休年金制度差點崩潰。如果英格蘭銀行沒有及時介入並阻止這種情況發生，那這將會是足以拖累整個全球金融體系的大事件。

現在，支持全球經濟運轉的不再是貴金屬，而是信心。一旦信心受到動搖，極端且看似不可能的事情，就會以超乎任何人預期的速度發生。

那個時刻近了嗎？

那麼，信心究竟何時會消失，引發一系列無法控制的後果？曾經有一度，二〇〇八年看似是政府和中央銀行耗盡支撐經濟體系所需工具的時刻。後來，世界以更脆弱的姿態進入二〇二〇年的危機，似乎那可能就是終點。接著是二〇二二年底的劇烈動盪。究竟何時會走到盡頭？是下一次危機，還是再下一次危機，或者再下下一次？無從得知。但我們知道，總有一天，人們會對負債累累的經濟體失去信心。一旦發生這種情況，我們當前的貨幣時代將會結束，一個新的時代將會開始。那個新時代會是什麼樣子？過渡期是否相對輕鬆，還是會引發重大的社會動盪？誰會受益，誰會受損？這些都是無法回答的問題。我們唯一知道的是，那個時刻終將到來，因為歷史告訴我們它總會發生。

聽起來或許有點奇怪，但我必須說，這些事情都不值得為此輾轉難眠。為什麼？因為即使「金融系統完全崩潰」聽起來很嚴重（而且確實如此），但你毫無控制權，也不知道何時會發生。即使知道了確切的時間點，你會怎麼做？嗯，你可能不會想持有太多現金，因為現金可能突然變得一文不值。你絕對不會想成為放款方，因為所有債務可能會在轉向新制度的過程中突然消滅。基於同樣的原因，你可能會想成為借款者。你可能會希望財富儲存在與「無論發生什麼，人類永遠需要的事物」相關的資產上，比如食物、能源和住所。嗯，聽起來很像我前面建議過的原則。

所以，這些關於經濟體系崩潰的討論，當然不是要以悲觀論調為本書作結，在你闔上書、準備到喜愛的平台上留下好評（暗示）之前，讓你感到焦慮絕對不是個好主意。我的目標是要讓你感到有力量：你現在應該對自己的能力充滿信心，能夠詮釋事件，必要時改變方向，無論未來如何都能茁壯成長。

雖然我相信你已經準備好獨自前進，但我不會就此離開：不論接下來會發生什麼，肯定不會單調乏味，我將一如既往地緊密關注事態發展。因此，我不會直接寫下句點並宣布「全文完」，而是計劃定期釋出額外的資料。每次更新旨在解釋目前金融界正在發生的事情，並以你在本書所學的知識基礎進行解說。你需要支付的費用？英鎊在將來某個時刻的價值：零元。

購買本書後只要在https://robdix.com/chapter/註冊，我每次有更新都會發送電子郵件給你。同時，我會立即發給你一份我最喜愛的書籍、部落格、播客和影片清單（以及說明為什麼我對它們的評價這麼高），這樣你就可以更深入了解這個主題。

不過，此時要先恭喜你：現在你對金融世界的了解，勝過你的親朋好友、勝過許多理財顧問，甚至勝過大多數政治家和政策制定者。你也終於能理解有關經濟的新聞報導（預先告訴你，你會發現許多被當作事實的內容完全是胡說八道）。最令人興奮的是，這些新知識將使你對自己的金錢做出更明智、更自信、更有利可圖的決定。

感謝你的閱讀。

羅伯

參考資料：

1. https://www.marketwatch.com/investing/bond/tmbmkgb-10y?countrycode=bx
2. http://www.worldgovernmentbonds.com/cds-historical-data/united-kingdom/5-years/
3. https://www.ft.com/content/2c03ce71-c7f6-4d99-a7fb-509bea069f57

後記

經濟生存指南

七種在任何經濟形勢都能成功的方法

現在你已經讀完本書，對於經濟運作方式及其形成的過程，你的理解已經大幅高於平均。你可能對所學內容感到滿意，也可能感到憤怒——無論如何，你都明白自己無法避免經濟對生活造成的影響。你自己的行動甚至也是其中一部分。

在第十章，我提出了一些關於未來經濟可能面臨的情況。但即使未來的願景準確無誤，也不會永遠持續下去：歷史告訴我們，等到適應了今日情勢，某種危機突然出現後，又會把我們推向一個全新的時代。

那麼，如何避免在可能出現的經濟風暴中受到波及？我找到了七個原則來引導你的思考：如何解讀現正發生的事情，誰值得信任（和誰不值得信任），以及如何行動。統整已談過的觀點，以下是我在任何經濟情勢下實現財務成功的指南。

別寄望於政府

想像一下，你的朋友向你借了一百英鎊，幫助他們度過困難的一個月。下個月，他們說可以還你那一百英鎊……但前提是你必須馬上再借給他們一百英鎊，再加上五十英鎊，因為他們的開銷比預期還高一些。又過一個月，他們說本來準備還你一百五十英鎊了，但突然需要修車，所以現在他們需要再借兩百英鎊。

根據你們的交情，你可能沒過太久就不再借錢給他們了——而且你一定不會認為你可以寄望他們在將來回報這個恩惠並支持你。然而，這正是我們大多數人與我們納稅的政府之間的關係。

記得之前提過，美國政府在過去的五十年裡，有四十六年入不敷出，而且在每個所謂「富裕」的國家中，公共債務的總額每年都在增加。如果哪個大國突然借不到錢（或印不出錢），連一年都撐不下去：學校、醫院和警政機關只能靠越來越多的債務來運作。

這就是目前的情況，各國政府的處境尤其危險。但我們沒有理由相信將來會有所不同：正如我們在第四章學到的，金融史的一個典型特徵是，那些當權者不是故意濫用他們對貨幣的權力，就是靠過度借貸或過度印鈔來解決當今的問題，最後引發危機。

想到這一點，你有多大信心認為自己退休後能夠領取國家發放的年金呢？如果自己認真存了一筆個人退休金，你認為政府會不會改變遊戲規則，將一部分占為己有呢？如果政府現在補助你的收入，你認為這種補助會繼續下去嗎？還是會利用通膨的掩護，表面上看似不變，實際上補助逐漸減少呢？

在規劃你的財務未來時，試著假設國家補助減少的情境——或者，如果你本來就沒有依賴政府的話，請假設稅收提高的情境。我能理解這並不是令人放心的消息，但如果你認為將來很可能發生這種情況，提前做好準備，總比為時已晚才驚訝不已來得好。

關注事件，而非敘事

傳奇投資人查理・蒙格（Charlie Munger）說過：「讓我看看激勵因素，我就會向你展示成果。」激勵因素塑造了行為，這對訓練狗也適用，幾乎所有事情都是如此。

對於財經記者和評論人士來說，激勵因素是什麼？如果他們想要獲得更多的錢和更多的獨家新聞，他們的激勵因素就是贏得關注。更多的關注等於更多的觸擊率，也等於為他們的雇主帶來更多的錢。長期堅持說出正確的言論就能贏得關注嗎？也許。但贏得關注最可靠的方法，是吸引他人的注意力。說出一些真實但無趣的事情，比如：「明年房價可能會小幅上漲。」沒人會記得，甚至可能不會注意到。但如果是寫下房價將在「大蕭條以來最糟糕的一年中」崩盤，你將成為新聞編輯室的焦點。

即使拋開激勵因素不談，你也需要看看財經媒體的消息來源。大多數的故事、報導和觀點不是來自於政治人物（他們的動機是宣傳自己選擇的敘事），就是來自於經濟學家，而你現在應該已經知道我對這個職業的看法。

因此，少看一點財經新聞，對你的心理和財務都會有幫助——對你所看到的任何新聞內容都應保持謹慎的態度。但如果遠離了媒體的影響，該如何成為一個負責任、有見識的社會成員呢？我的方法是關注事件，而非敘事。舉個簡單的例子：政府將基本稅率提高了一%。這是一個事件，值得了解。至於為什麼會這樣？其原因是什麼？可能會對GDP、股市、房價有何影響？這些都是敘事——幾乎所有敘述都會因為某種原因出錯，所以可以放心略過。

現在你對經濟運作已有穩固的基礎知識，可以忽略其他人的敘事，自己建構敘事。如果你必須進一步接觸媒體，請盡量廣泛接觸各種不同的觀點，並運用你的知識來分辨，然後決定哪個觀點最可信。

想想實質價格，而非名義價格

這是個奇怪的錯覺：大家都很容易接受「今天的錢」和「昨天的錢」不一樣（「我

在一九八〇年以三萬五千英鎊買下房子，但用今天的錢來換算，相當於十五萬英鎊」），但同時卻沒有對明天的錢和今天的錢不同這個事實做出調整。

這部分體現在投資方面，人們經常根據目前的生活成本，來設定他們希望累積多少錢，卻沒有意識到這筆錢在未來會因通膨而導致生活水準降低。這也體現在薪資談判中，大多數人對於每年的小幅加薪感到滿意，卻沒有意識到，由於通膨的影響，他們明年年底的情況可能更糟糕。當然，這也在政府統計數據中顯示出來，報告指出GDP增加，卻沒有指出這只是因為所有東西都變得更加昂貴，實際上並沒有額外的產量。

在通膨高漲的時期，人們更加意識到通膨的影響，也會有補償心態——但當通膨回落時，每個人會再度陷入滿足現況的狀態。這是一種難以打破的習慣，但我希望這本書能夠給你一點推力，讓你開始以實質價格（即扣除通膨後）進行日常思考，而不是僅以名義價格（原始數字）思考。

考慮實質價格會幫助你避開無數的陷阱。許多人在二〇二二年末掉進一個與利率有關的陷阱，當時利率終於從接近零的水準開始上升，意指在幾個月內（至少在英國），儲蓄帳戶可能獲得約三%的利息。太好了——你終於可以增加儲蓄，不必承擔投資市場的風險！但是……當時的通膨率超過一〇%。所以按照實質價格來看，你每年實際虧損了七%。從運作功能來看，這與幾個月前通膨率為七%，銀行什麼都沒給你的情況，沒什麼不同。

如果你想計算過去通貨膨脹對於投資或儲蓄的影響，這個網站 **https://www.in2013dollars.com/** 可以告訴你，大約三十個不同國家在數十年來的通膨影響（雖然網址裡面有二〇一三字樣，但時間區段可以回溯到二〇一三年或更早以前）。用於計算未來的實際投資回報，網路上有許多計算工具可供選擇，你可以輸入不同的假定通膨率，查看它會產生什麼影響。我最喜歡使用這個：**https://www.omnicalculator.com/finance/investment**。

掌控投資或分散投資

在完全不可能預知經濟未來和任何特定資產走向的情況下，有兩種相反但同樣有效的處理方法。

第一種是專注於你對於結果有一定掌控程度的投資。舉例來說，如果你擅長翻修房屋（或管理他人翻修房屋，這本身就是一項技能），你就能隨時在你增值的地方進行投資。市場有時會善待你，助你一臂之力，但有時也會不利於你。不過整體而言，除了那些罕見（但無法避免）的重大經濟動盪以外，你都能夠獲利。同樣的策略也適用於投資你擁有特殊專長的行業，這樣你比較能夠正確判斷這個行業會不會成功——甚至，你也可以投資自己經營的生意。

第二種相反的方法是完全放手——認清自己不知道未來動態，也沒有能力左右結果的事實。因此，你要盡量分散投資——如果你無法預測贏家，甚至不知道哪個行業會受到市場的青睞，那麼你唯一能做的，就是在每個領域都持有一小部分。這樣你最終會取得一個平均的結果——時間拉得夠長的話，平均結果其實是相當不錯的。

在這兩個極端作法之間是危險區域。試想看看，基於你對未來利率變化的判斷，你認為科技業會蓬勃發展，於是大舉投資該領域。可能你的最終判斷是正確的，但也可能你對未來利率變化的預測失誤，即使利率預測正確，該領域也可能因為某些毫無關係、你完全沒有預見的原因而失敗。

如果你真的相信自己能夠預測未來，可以先嘗試「模擬交易」（paper trading）：寫下你認為將會發生的事情、為什麼會發生、以及應該如何處理你的資金。然後，過一段時間後，回頭看看你的預測有多準確。也許你是參透萬物的投資天才——但我們大多數人都在欺騙自己，經常只記住我們預測成功的部分。因此，要不選擇掌控投資，要不就完全分散投資，比較可能產生更好的結果。在生活中，採取極端作法是明智之舉的情況並不常見，但在投資方面是其中之一。

理解沒有人真正理解的事

位高權重者喜歡給人一種全知的印象，但面對現實吧：他們只是普通人。在你的工作場所，真的有人能夠每天都按照一套優秀的計劃冷靜地執行嗎？還是他們只是根據當時的情況做出決定，應對每個突如其來的問題呢？你會委託某位同學去照顧你的貓嗎？更別說是經濟了。政策制定者的履歷可能擁有名校光環，但他們和我們其他人一樣都是臨場應變。

以量化寬鬆政策來說，你可能還記得，主導美國採行QE政策的聯準會主席班．柏南克表示，QE政策的問題在於實踐上會起作用，但理論上行不通。這只是一種言簡意賅的說法，意思是「我們不知道它會不會奏效，也沒有充分的理由認為它會奏效，但我們還是試一試」。這可不是在選擇去哪吃午餐的事情，這是拯救整個銀行業、防止世界陷入蕭條的計劃。

在我來看，我認為應該防止少數人控制全球經濟槓桿。正如最一開始所看到的，我們所謂的「經濟」不過是幾十億人相互交易，試圖改善生活的聯合行動。我們所擁有的最先進的電腦算法，更不用說桌子旁邊還有幾位經濟學家，都無法準確預測任何中央決策帶來的連鎖反應。任何改變都會在其他地方產生意想不到的結果，然後需要其他調整來補救——導致無止盡的干預，或許最好的方法是讓每個人自行解決。

這只是我的感覺，我知道這樣的想法過於簡單。有時候，確實可能需要大幅干預，但這裡的重點是，要為自己的生活做出最好的決定，你不需要像財經媒體那樣糾結於中央銀行家所說的每一句話，尋找暗示和隱藏的涵義。無論他們決定做什麼，都不可能預測該行動的最終後果。

處理生活中的各種金錢和其他事務，你的時間和精力是有限的。因此，我建議把精力集中在你能夠控制的事情上，而不是試圖預測世界經濟決策者將要採取的偉大計劃，因為事情可能不會如他們預期般順利進行。絕對不要將他們的聲明當作採取大規模行動的依據，例如將資產全部從原先資產類別轉移到另一個，你可以堅持量入為出的基本作法，並將剩餘資金用於長期投資，這樣做更好。畢竟，如果擁有分析團隊和無限數據訪問權限的權威大師們都無法精準預測，你又怎麼能夠相信你可以呢？

預料之外的事情

最近我在健身房、辦公室和繁忙的火車站，都遇過火災警報。每個人都處變不驚走向避難出口嗎？還是出現普遍恐慌？呃，都不是：如果你用靜音觀看，可能根本不知道發生了什麼事情。根據我的經驗，大多數人都以為是誤報，除非有東西明顯在冒煙——研究顯示，這種情況並不罕見。

身為人類，我們是「常態偏誤」（normality bias）的受害者：這是心理上的一種怪癖，讓我們忽視或低估即將到來的威脅警告。常態偏誤解釋了為何龐貝城居民看著維蘇威火山噴發幾小時卻沒有疏散，以及為何急難救助隊經常難以說服民眾在預計洪水或風暴到來之前做好準備。

整體而言，我不認為這是絕對的壞事：看到危險無所不在，認真看待每一個警告信號，會讓人感到壓力並造成不必要的資源浪費。不過，這的確意味著，當機率小但影響巨大的事件發生時，我們完全措手不及。

在經濟領域中，確實發生過機率小但影響巨大的事件。像是從「咆哮的二〇年代」（Roaring Twenties）突然轉變成一九二九年經濟大蕭條；一九七一年金本位制「暫時」停止；二〇二〇年疫情大流行。似乎每隔五十年左右，都會有某些事情出現，顛覆了持續已久、似乎會繼續下去的局面。億萬富豪、避險基金經理瑞・達利歐（Ray Dalio）寫過大量關於「長期債務週期」（long-term debt cycles）的文章，長期債務週期約持續七十年，他指出，由於這種週期在人的一生中只會發生一次，因此沒有人能夠提前預見它的到來。

我並不是建議你一有危險跡象就趕緊撤離。實際上，正如我們提到過的，媒體有動機報導每一個風險，讓你以為這個世界幾乎每天都處於崩潰的邊緣。然而，明智的作法是，確保自己所遵循的投資策略並非只在當前經濟現狀才見效。例如，許多人透過低成本的槓桿來增加他們的股市投資組合，以便購買更多股票——在利率幾乎為零的十四年來，這是很好的策略。但，誰料想得到利率會再次攀升呢？（真是見鬼了，甚至英國最大的年金基金也採取這種作法。）

有一天，美元可能會崩潰。某個大國政府可能會違約。某條法律可能會通過，允許沒收銀行帳戶的財富。在你閱讀這篇文章的當下，今天會是那一天嗎？幾乎可以肯定不會，假如每天都擔心那一天的到來也很愚蠢。根本不必擔心太多，因為你不知道何時會發生，而且你也無法做什麼。但當這些極端事件發生時，一定要避免讓自己承受過多的風險——這就是為什麼要再次強調分散投資對你有益。

了解你的價值

本書始於一個你可能忽略的觀點，因為我們從那時起在其基礎之上堆疊了許多層次：錢基本上是一個大家選擇相信的虛構概念。無論是陶幣、印有君主頭像的金屬古幣，或者只是螢幕上的一串數字，貨幣的目的是代表價值，而不是本身具有價值。如果錢值得擁有，只是因為你以後可以用錢來交換商品和服務。

隨著時間演變，金融體系的運作方式可能發生改變。今日的貨幣可能會被取代和遺忘。我們可能會轉向更在地化、去中心化的體系，或者走另一條路，最終實現單一的全球貨幣。你永遠無法預知——甚至所有債務都可能得到清償。但有一件永遠不會改變的事情，那就是人們的渴望，願意互相信任，彼此交換商品和服務，以使每個人都受益。

雖然書中有很多「令人沮喪」的時刻，但在本書的尾聲，我可以說我感到無比的安慰。想在任何類型的金融體系中成功，你所要做的就是為他人提供價值。沒有絕對會成功的方法，也不能保證市場會對你所提供的價值給予合理回報（比如護理人員和看護）。但不管怎樣，如果你提供價值，就會得到回報——如果你想要更多的錢，只要展現更多的價值，或者讓更多人了解你的價值。這並不容易，但在財務方面，無論世界各國政府和中央銀行做了什麼，至少在你的掌握之中。

致謝

如果你喜歡這本書，那得感謝我的妻子米許（Mish）。我曾經好幾次差點放棄撰寫本書，但她毫無怨言花了十八個月的時間，改掉雜亂無章的草稿，融入一些有意義的內容，最終說服我堅持下去是值得的。

然後，有一些特別／瘋狂的人士自願在正式發行前閱讀整本書，並提供了大幅改善本書的建議。在此，特別感謝：

Matthew Hall、Robert Ditzel、Colin McCrae、Rhys Hainsworth、Ali Dymock，Belinda Dutch、Stefan Aurino、Colin Hardwick、Luigi Falcioni、Kim Davenport Gee，Simon Whalley、Justyn Evans、Heider、Billie Sheara、Carl Edwards、Tanya Winson，

Ruth Hughes，Pippa Beer，Susan Evans，Jeremy Stephens，Reena，Laura Cansdale，Ben Briscoe，Eoin McShane，Jason Thomas。

接下來，我要非常感謝Noel、Seonaid和Liane，他們引領我進入「正規」的出版世界，還要感謝我的經紀人Rachel Mills和編輯Rowan Borchers，他們讓我有了如此積極愉快的經歷。

也感謝我的商業合作夥伴Rob Bence，以及Property Hub團隊的所有成員，他們四年來不斷詢問「你的下一本書什麼時候出來？」，藉此施加適當的內疚感和社會壓力。

噢，還要感謝你：謝謝你在時間和注意力有限的情況下冒險選擇本書。而且，你是那種會讀致謝頁的人，我喜歡這一點。看電影時，你可能也會一直待到片尾字幕播完，看看會不會有彩蛋或幕後花絮。不過，這一次，讓你失望了。

亞當斯密 033

金錢的價值

英國知名投資Podcaster教你如何在越來越複雜的金融世界中，找出創造財富的法則。

The Price of Money: How to Prosper in a Financial World That's Rigged Against You

作者　羅伯・迪克斯（Rob Dix）
譯者　陳珮榆

堡壘文化有限公司
總編輯　簡欣彥
副總編輯　簡伯儒
責任編輯　簡欣彥
行銷企劃　黃怡婷
封面設計　周家瑤
內頁構成　李秀菊

出版　堡壘文化有限公司
發行　遠足文化事業股份有限公司（讀書共和國出版集團）
地址　231新北市新店區民權路108-3號8樓
電話　02-22181417
傳真　02-22188057
Email　service@bookrep.com.tw
郵撥帳號　19504465遠足文化事業股份有限公司
客服專線　0800-221-029
網址　http://www.bookrep.com.tw
法律顧問　華洋法律事務所　蘇文生律師
印製　呈靖彩藝有限公司
初版1刷　2024年1月
定價　新臺幣400元
ISBN　978-626-7375-48-8
9786267375471 (EPUB)
9786267375464 (PDF)

國家圖書館出版品預行編目（CIP）資料

金錢的價值：英國知名投資Podcaster教你如何在越來越複雜的金融世界中，找出創造財富的法則。／羅伯・迪克斯（Rob Dix）著；陳珮榆譯. -- 初版. -- 新北市：堡壘文化有限公司, 遠足文化事業股份有限公司, 2024.01
面；　公分. --（亞當斯密；33）
譯自：The price of money : how to prosper in a financial world that's rigged against you
ISBN 978-626-7375-48-8（平裝）
1.CST: 個人理財　2.CST: 投資
561.014
112021391